KB212926

명품여인과
바닐라라테

명품여인과
바닐라라테

초판1쇄 2019년 5월 30일

지은이_ 이연주

펴낸이_ 채주희

펴낸곳_ 엘맨출판사
서울특별시 마포구 신수동 448-6
TEL : 02-323-4060, 02-6401-7004
FAX : 02-323-6416
E-mail : elman1985@hanmail.net
www.elman.kr

출판등록 제 10호-1562(1985.10.29.)

값 12,000원

ISBN 978-89-5515-652-2(03230)

명품여인과
바닐라라라테

이 연 주 지음

엘맨
하나님의 사람을 만들어가는 ELMAN

몹시 피곤하여 지쳐있던 어느 날, 함께 근무하던 동료가 "목사님 피곤하신 것 같은데, 바닐라라테 드실래요?" 라는 물음에 얼떨결에 대답했습니다. "아 네. 좋아요" 늘 아메리카노만 먹다보니 실제로는 바닐라라테가 뭔지도 잘 몰랐습니다. 늘 한 가지에 꽂히면 다른 것을 생각하지 않는 성격이라서, 커피는 아메리카노만 줄곧 먹어왔기 때문이죠. 쑥 내밀어주는 바닐라라테를 받아들고, 입에 갖다 댄 순간. 아! 향기롭고 부드러운 단맛에 그만 푹 빠져버렸습니다.

그 때부터 바닐라라테를 좋아하게 되었습니다. 바닐라라테는 진한 에스프레소의 쓴맛에 우유를 넣고 바닐라 향을 첨가해서 만든다고 합니다. 쓴 맛이 나는 에스프레소의 진한 커피에 바닐라 시럽의 달콤한 맛과 향이 조화를 이루면 달달하고 맛있습니다. 그래서 가끔 달콤한 맛을 즐기고픈 사람들이 즐겨하는 커피중의 하나입니다. 인생을 살다보면 인생의 광야를 지나기도 하고 때론 좋은 일들을 만나기도 합니다. 이 모든 일들이 잘 어우러져서 고난의 쓴맛보다는 달콤한 맛을 내는 바닐라라테 같은 인생이 되었으면 좋겠습니다.

성경의 잠언 31장은 지혜롭고 현숙한 '명품여인'에 대해 이야기합니다. "그의 자식들은 일어나 감사하며 그의 남편은 칭찬 한다"라고 28절에서 이야기합니다. 바닐라라테 같은 여인입니다. 쓴 맛을 지니고는 있으나 그것을 승화시켜서 단 맛을 뿜어내는 여인입니다. 이런 여인은 인생의 항해 가운데 지치고 힘든 영혼들에게 바닐라라테처럼 달달한 기쁨을 제공합니다.

저는 1인 12역의 배우처럼 살아가고 있습니다. 딸, 엄마, 며느리, 아내, 시누이, 동생, 누나, 형수, 고모, 이모, 큰엄마, 그리고 목사로 살고 있습니다. 올해 96세가 되신 권사님을 심방했던 무더운 여름날, 속옷 바람으로 선풍기를 쐬던 권사님은 "여자목사라서 너무 좋구먼… 남자목사였으면 옷을 챙겨 입어야 하는데… 너무 좋아요" 해맑게 웃으시던 주름진 얼굴에는 아직도 풋풋한 소녀의 향내로 가득했습니다.

아주 어릴 적 계란프라이 사건이 지금도 기억에 생생합니다. 아들 둘 딸 둘을 두었던 어머니께서는 계란이 두 개 밖에 없음을 아시고 오빠와 남동생의 도시락에만 계란프라이를 살짝 덮어주었죠. 그 사건을 목격한 어린 시절의 서운함이 기억 속에 다 잊혀진 줄 알았습니다. 그런데 어느 날 직장 또는 조직에서 남, 녀를 차별하는 상황을 만나면 순간 예민한 반응을 하는 나 자신을 발견 합니다.

　맏며느리로 시집온 제 어머니는 첫 아이로 딸을 출산했습니다. 첫아들을 기대하셨던 시어머님의 냉대 속에서 산후 조리를 제대로 하지 못했고, 그 아픈 상처가 치료되지 않아 가끔 첫 출산의 아픈 스토리를 들려주시던 기억이 납니다. 그 후 아들을 낳았고, 딸 둘 아들 둘을 낳아 다복한 가정을 이루었지만, 첫 출산 때 시어머니로부터 겪은 아픈 상처가 오래 남아 있었던 것 같습니다. 인생을 살아오면서 오늘의 나를 만든 것은 무엇일까 생각해 보니, 지극한 사랑과 더불어 나를 힘들게 했던 모든 사건들이 제게 힘을 실어주었고, 오늘 여기까지 오게 했습니다.
　유학을 떠나기엔 좀 늦은 감 있는 만 52세 나이에 저는 유학을 떠났습니다. 이 유학에 두 사람이 지대한 도움을 주었는데, 첫째는 남편입니다. 아내가 꿈 꿀 때, 함께 비전을 공유하며 경제적 지원과 격려를 아끼지 않았던 소중한 남편, 그리고 둘째는 친정어머니입니다. 계란프라이 사건을 통해 끊임없이 도전하고 당당하게 서는 여성으로서 만들어 주신 어머니…

광야처럼 낯선 땅에 내던져졌지만, 그 곳에서 겪은 소소한 일상들이 금보다 귀한 경험이 되었습니다. 2년 동안의 수많은 만남과 사건들이 저를 성장시켰고, 나를 좀 더 앞으로 나아가게 했습니다. 철 들어 떠난 유학에서는 배울 점이 참 많았습니다.

인류의 반쪽은 여성입니다. 세월 지나고 보니, 어디서든 저는 여성이기 이전에 한 구성원이기를 원했습니다. 그래서 어느 조직에서든 꼭 필요한 인물이 되기 위해 실력을 쌓았습니다. 지금은 목회자로 부름을 받아 목사가 되었습니다. 엄마의 마음으로 지치고 외로운 분들을 꼭 안아 드릴 수 있는 여자목사라서 행복합니다.

계란프라이의 상처가 오늘의 저로 성장시켜 준 것처럼, 불평등한 사회 구조와 상황들은 오히려 여성을 성장시킬 겁니다. 누군가 말했습니다. "여성의 적은 여성이다" 라고요. 그러나 여성의 적은 여성도 아니고 남성도 아닙니다. 하나님이 창조하신 여성이 그 '존귀함을 잃어버림'이 바로 여성의 진짜 적입니다. 시어머니와 며느리, 올케와 시누이는 적이 아닙니다. 한 편입니다. 시대가 변한 것이죠. 한편, 한 팀으로 살아가는 명품여성들의 이야기를 하고 싶었습니다.

지금은 '딸 바보 아빠'들이 많아졌습니다. 가정은 비교적 많이 변해가고 있습니다. 그러나 아직도 사회 곳곳에는 불평등과 차별로 인해 신음하는 여성들의 소리가 들립니다. 이 소리를 외면할 수 없었습니다. 그 소리는 바로 제 내면의 소리이기도하기 때문입니다. 여성은 변할 것이며, 여성을 대하는 세상도 변할 것이라는 확신이 제겐 있습니다.

길 없는 숲 속을 처음 걷다보면 풀숲을 헤치고 돌을 치워야 합니다. 작은 돌을 치우는 사람이 되고 싶었습니다. 길 없는 곳에 길을 내는 사람이 되고 싶었습니다. '엄마는 평지를 걷는 것보다 울퉁불퉁한 길을 걷는 것을 즐겨한다'는 딸아이의 말이 제게 격려가 됩니다. "나도 엄마 닮아서 잘하고 있어!" 딸이 툭 던지는 이 말을 들으면 기분 좋습니다. 높은 산 정상에 오르는 사람은 평지에서 훈련하지 않는다고 합니다. 울퉁불퉁한 길을 계속 걷다보면 평평한 길이 될 것이고, 우리의 딸들이 편하게 걸을 수 있을 겁니다. 이것이 울퉁불퉁한 길을 걸어가면서도 행복해서 웃음 짓는 이유입니다.

　바닐라라테 같은 명품여인들이 가득한 세상을 꿈꿉니다. 인생의 고난이라는 쓴 맛 위에 하나님의 은혜와 달콤한 사랑이 첨가되어, 고난의 쓴맛을 승화시켜 부드러운 향과 단 맛을 뿜어내는 여성입니다. 이런 여성이 가정과 직장과 교회에 필요합니다. 부드럽고 달콤한 영성은 만나는 모든 사람에게 행복과 기쁨을 전하고, 치유와 회복을 가져올 겁니다. 이 멋진 일을 감당할 당신은, 하나님의 마지막 창조물, 하나님의 마지막 가능성입니다. 그리고 당신은, 명품중의 명품 여인입니다.

　　　　　　2019년4월 봄이 오는 길목에서　이 연 주

Hot한
명품 여인이란?

1

부부는
서로에게 부모

다니던 회사에서 다른 지점으로 전근
을 가게 되었다. 어느 날부턴가 출근을 하면, 열심히 사무실
바닥을 청소하는 한 남자 직원이 내 눈에 들어왔다. 그는 하
루만이 아니고 매일 일찍 출근하여 업무가 시작되기 전에 회
사 사무실 바닥을 청소했다. 나 또한 일찍 출근하여 업무를
준비하는 좀 부지런한 직원이었다. 우리는 아침 이른 시간에
사무실에서 자주 마주쳤다. 그 이후 그 남자 직원은 가끔 업
무가 마칠 때 즈음에 처녀, 총각들을 다 모이게 해서 함께 식
사하는 자리를 만들곤 했다. 그 자리에서 그는 많은 이야기를

했다. 유머가 풍부한 그 남자 직원이 이야기를 꺼내면 나는 너무나 재미있어서 많이 웃곤 했다. 그 남자 직원은 잘 웃는 내게 관심을 보이기 시작했고 나도 그가 싫지 않았다.

한 직장에서 만난 우리는 비밀리에 사내 연애를 시작했고, 드디어 결혼에 골인했다. 결혼하고 보니 남편은 아침잠이 정말 많은 사람이었다. 아침 일찍 회사에 출근하여 청소를 한 것은 나름 그의 전략이었음을 후에 알게 되었다.

축복 속에 결혼을 한 나는 첫 아이를 임신했다. 내 몸 안에 새로운 생명이 들어있다는 사실이 너무나 신비로웠고 놀라웠다. 남편은 나를 번쩍 안아 빙빙 돌리며 기뻐했다. 드디어 엄마, 아빠가 된다는 사실이 우리에겐 황홀한 기쁨과 설렘 그 자체였다. 아이를 출산한 후, 친정어머니에게 육아 문제를 상의했을 때, 어머니는 두 말도 하지 않고 딱 잘라 거절하셨다. "네 아이는 네가 키워라."

남편과 상의 끝에 나는 직장을 포기하고 육아를 선택했다. 내가 직장을 그만 두었을 때 남편은 내게 '육아를 하면서도 틈틈이 배우고 성장할 기회를 놓치지 말라'고 권면하며 격려했다. 막상 육아를 하다 보니 아무래도 바깥 활동보다는 내부에서 머무는 시간이 비교적 많을 수밖에 없었다. 나는 어린 아이를 품에 안고 틈틈이 배움의 자리를 찾아 다녔다.

창세기 2장 24절 "이러므로 남자가 부모를 떠나 그의 아내와 합하여 둘이 한 몸을 이룰 지로다"라고 했듯이 부모를 떠나서 아내와 한 몸이 된 부부는 함께 성장해 나간다. 부모를 떠났기 때문에 이제는 서로에게 부모가 되어야 한다. 남편은 오늘날까지 이것을 성실하게 실천해 왔다. 남편은 내가 무엇인가를 새롭게 배우고자 시도할 때에 항상 지지하고 격려해 주었다.

두 아이가 어느 정도 성장해서 자신의 학업을 위해 먼 길로 떠나갈 즈음에 나는 신학공부를 시작하게 되었다. 두 아이가 엄마의 손길 없이도 스스로 설 수 있는 연령이 된 것이다. 늦게 시작한 신학공부는 멈출 줄 모르고 계속 되었다. 목회학 박사 과정을 마칠 때까지 남편은 외조를 멈추지 않았다. 고3

처럼 밤늦게까지 도서관에서 공부를 할 때도 많았다. 남편과 대화를 하기 보다는 신학서적과 씨름할 때가 훨씬 많았다. 남편은 이러한 나를 이해해 주었고, 내 편이 되어 한결같이 나를 격려하고 지지해 주었다.

아내가 사역자의 길을 걷는 것이 남편에게는 도리어 불편한 점이 많을 수밖에 없다. 아직은 교회 사역자의 대부분이 남성이기 때문에 교회 내 '여성 사역자 남편'에 대한 배려는 거의 없다고 해도 과언이 아니다. 그럼에도 불구하고 묵묵히 자신의 자리를 지키면서 기도해 주는 남편이 한편으로는 미안하고 또 한편으로는 너무나 고맙다. 아내가 사역자의 길을 걸어 갈 때 남편의 배려와 도움이 없다면 사역하는 일이 쉽지 않다.

시부모님이 두 분 다 돌아가신 친하게 지내는 여성 사역자가 있다. 어버이날 그분이 남편에게 카네이션 한 아름을 예쁜 카드와 함께 선물하는 것을 본적이 있다. 선물을 하는 것은 '당신이 평생 나를 키워 주어서 고맙다'는 의미라고 했다. 선물을 받은 그 남편은 얼마나 기쁘고 좋았을까? 나의 남편도 오늘날까지 마치 부모가 자녀를 키우듯 나를 키워주었다. 그런데 알고 보니 아내를 키우면서 남편 자신은 더 많은 성장을 한 것이다. 부모들은 자식을 키우는 과정에서 부모 자신이 더 깊어지고 성장한다. 자식을 통해 배우기도 한다. 이런 원리와 같다. 남편도 나를 키우면서 자신이 훌쩍 더 성장했다. 내가 좋은 일을 만날 때 갑절로 더 기뻐하고 행복해 하는 남편을 보면 나도 덩달아 행복하다.

이 놀라운 비밀을 젊은 부부들과 공유하고 싶다. 요즘은 서로 희생하기 싫어하는 젊은 부부들이 늘고 있다. 조금 더 희생하는 사람이 큰 손해를 본다고 생각하는 정서가 만연해 있기도 하다. 그러나 반드시 기억할 한 가지는, 씨앗이 땅 속에 들어가서 썩어질 때 싹이 나고 꽃이 핀다는 사실이다. 희생하고 헌신하는 것은 가장 큰 기쁨의 씨앗을 뿌리는 일이다. 희생과 헌신의 열매는 가장 큰 기쁨이다. 꽃은 모두를 행복하게 하고 또한 귀한 열매를 동반한다.

부모는 자식을 싫증내지 않고 사랑한다. 자식이 부모보다 뛰어나도 질투하지 않는다. 그게 부모다. 부모의 마음으로 배우자를 사랑함이 하나님의 뜻이다. 부부는 한 몸이다. 그러므로 아내를 사랑하는 것은 결국 자기를 사랑하는 것이라고 성경은 말한다.

"이와 같이 남편들도 자기 아내 사랑하기를 자기 자신과 같이 할지니 자기 아내를 사랑하는 자는 자기를 사랑하는 것이라"(엡 5:28).

2

모든 여자보다
뛰어난 여인

 "집과 재물은 조상에게서 상속하거니
와 슬기로운 아내는 여호와께로서 말미암느니라"(잠19:14).

 성경에 기도로 생명을 연장 받은 사람의 이름이 나온다. 그
는 이스라엘의 히스기야 왕이다. 히스기야 왕은 죽을 병이 들
었을 때 벽쪽을 향하여 눈물로 기도했다. 그 때 생명을 주관
하시는 하나님께서는 그의 수명을 15년 동안 연장시켜 주셨
다.

 내 주변에 있는 한 여인의 이야기를 나누고 싶다. 히스기야

왕처럼 하나님의 마음을 감동시켜 남편의 생명을 연장 받은 이야기이다. 그녀의 남편이 모 대학병원 중환자실에 입원을 하게 되었다. 병원에서는 한 달 정도만 살 수 있다는 진단이 나왔다. 그 여인은 의사에게 이렇게 말했다. "내 남편의 죽고 사는 것은 내게 달려 있으니, 의사 선생님은 치료에만 최선을 다해 달라"고 말한 후, 곧바로 병원 정문 앞에 있는 교회로 향했다. 식음을 전폐하고 죽을힘을 다해 밤낮으로 그녀는 기도했다.

남편이 중환자실에 있다 보니 남편을 면회하는 시간이 제한되었다. 남편을 면회하는 시간 외에는 예배당에서 기도하며 뒹굴었다. 집에도 가지 않고 교회에서 살다시피 했다. 사람들이 병문안을 와서 봉투를 주고 가면, 그 봉투에 있는 돈을 하나도 쓰지 않고 그대로 하나님께 올려 드렸다. 하나님께서 내 남편의 생명의 주인인 것을 그 여인은 철저히 믿었고 하나님께 남편의 생명을 의탁했다. 한 번만 살려달라고 요청했다. 그 아내의 기도로 인하여 기적이 일어났다. 한 달 시한부로 판명되었던 남편이 6개월 후에 살아난 것이다. 성경은 말한다. "집과 재물은 부모로부터 상속받는 것으로 자식이면 누구나 받을 수 있지만, 슬기로운 아내는 오직 하나님께서 주시는 선물입니다"(잠 19:14).

그 아내의 눈물의 기도가 상달되어 한 달 시한부 인생을 선고 받은 남편은 육 개월을 병원에 입원해 있었고, 6개월 후 병상에서 벌떡 일어났다. 그리고 지금은 엄마, 아빠보다도 덩치가 훌쩍 큰 아들과 함께 예배당에 나와서 예배를 드린다. 얼마 전 토요일에는 두 부부가 예배당에 와서 화분을 정리하는 모습을 보았다. 아내는 늘 예배당의 꽃과 환경미화를 담당한다. 예배당 화분들을 정리하고 물을 주며 성전을 곱게 가꾸는 아름다운 헌신자이다.

그 여인은 예배당만 가꾸는 것이 아니다. 자신에게 주어진 가정을 아름답게 경영하면서 남편이 긴박한 상황을 만났을 때, 하나님과 씨름한 여인이다. 그녀는 늘 겸손한 모습으로 교회 안과 밖을 아름답게 가꾼다. 또한 남편과 자녀를 믿음 안에서 잘 섬기고 이끌어가는 모습이 아름답다.

"그의 자식들은 일어나 감사하며 그의 남편은 칭찬하기를 덕행 있는 여자가 많으나 그대는 모든 여자보다 뛰어나다 하느니라 고운 것도 거짓되고 아름다운 것도 헛되나 오직 여호와를 경외하는 여자는 칭찬을 받을 것이라 그 손의 열매가 그에게로 돌아갈 것이요 그 행한 일로 말미암아 성문에서 칭찬을 받으리라"(잠 31:28-31).

이 땅에서 가장 복된 남자는 누구일까? 바로 믿음의 아내를 만난 사람들일 것이다. 그래서 잠언 31장에 나오는 남편은 이렇게 고백한다. "그대는 모든 여자보다 뛰어나다." 이 땅에 절반은 여자이다. 아내를 향하여 이런 고백을 하는 남편보다 더 복된 인생이 또 있을까!

사랑이란 더 베풀수록, 더 나눌수록 깊어진다. 보다 성숙한 남편과 아내는 어떤 인생일까 성숙한 사람은 주는 사람, 베푸는 사람이다. 철이 없던 사람도 갑자기 부모가 되면 성숙해지는 이유는, 끊임없이 자녀에게 베풀기 때문이다. 자녀가 태어날 때부터 자녀는 아무것도 스스로 할 수 없다. 부모가 끊임없이 그들 돕고 가르치고 돌보아야 자녀는 성숙해진다. 그런데 자녀를 돌보다보면 자녀만 성숙해지는 것이 아니라 부모도 함께 성숙해진다. 즉 성숙해서 베푸는 것이 아니라 베풀다보니 성숙해진다는 논리이다.

성숙한 사람은 움켜쥐는 것이 아니라 베푸는 사람이다. 대부분의 사람은 부모와 자녀가 동시에 아플 때 자신도 모르게 자녀에게 마음이 흐른다는 통계가 있다. 그 이유는 뭘까. 부모는 자녀에게 계속 무언가를 주기 때문이다. 돌봄, 재정, 사랑, 헌신 등…. 자녀가 태어난 시점부터 죽는 순간까지 부모는 좋은 것을 자녀에게 주고 싶어 하며 끊임없이 무언가를 준다. 그렇게 주다보니 그에 대한 사랑이 깊어진다. 그래서 '내리사랑'이라는 말이 생겼나 보다. 마음이 있는 곳에 물질도 가고 사랑도 흘러간다.

그렇게 죽을힘을 다해 기도로 살려낸 남편이어서일까. 그 아내는 남편에게 항상 따뜻한 밥을 지어서 대접한다. 직장생활을 하며 바쁜 일상 중에서도 남편을 섬기는 모습이 남다르다. 그 귀한 사랑과 헌신이 남편을 살려냈고, 온 가족이 예배당에 나와 함께 예배드리는 모습이 아름답다.

　얼마 전 생일이었는데, 자녀와 함께 온 가족이 귀한 식사를 했다고 한다. 너무 비싼 가격의 한 끼 식사를 했다고 살며시 웃는 그 웃음 속에서, 모든 절망과 아픔을 이겨낸 멋진 승리자의 모습을 본다. 그녀는 그러한 기쁨을 충분히 누려야 될 사람이다. 그리고 나는 마음속으로 말했다. '그대는 모든 여인들보다 뛰어난 여인입니다.'

3

함께한다는 것

 일찍이 각기 원하는 나라로 먼 유학길
에 오른 나의 두 아이들. 일찍 부모의 품을 떠나서 생활하다
보니 애어른처럼 빨리 철이 들었다. 유학을 떠난 지 서너 달
이 지나서 막내아들과 통화를 했다. "엄마, 혼자 생활해 보니
손에 물이 마를 날이 없네요. 밥 먹고 돌아서면 설거지, 공부
하고 와서 또 밥 짓고, 세탁기 돌리고, 빨래 널고, 빨래 개고,
또 공부하고…. 엄마가 그동안 얼마나 수고했는지 이제야 알
것 같아요." 엄마가 해주는 밥을 먹으면서 '학교 다니며 공
부만 하던 때'가 얼마나 행복한 시절이었는지를 혼자 생활해
보면서 비로소 깨달은 것이다.

첫째 딸아이가 유학 가서 공부하던 중, 어느 날 마트를 다녀와서는 울먹이는 소리로 전화를 걸어왔다. 마트에 갔는데 엄마랑 딸이 오순도순 커트를 끌며 물건을 고르는 모습을 보는 순간 갑자기 엄마가 그리워서 눈물이 났다는 것이다. 한국에 있을 때 그렇게 많은 날들을 마트에 가서 물건을 사고 희희덕거렸건만, 그 때는 그것이 행복한 순간이었는지 미처 깨닫지 못했다는 것이다.

'함께한다는 것', '함께 무언가를 같이 할 사람이 있다는 것' 은 놀라운 축복이며, 선물이다. 그러나 아쉽게도 대부분의 사람들은 함께 있을 때는 미처 깨닫지 못하다가, 홀로 되었을 때에야 비로소 이 진리를 깨닫는다는 것이다.

지인을 통해서 들은 이야기다. 남편이 큰 사고를 당해 식물인간이 된 가정이 있었다. 식물인간이 된 남편은 목회자였다고 한다. 그의 아내는 십여 년을 식물인간이 된 남편을 보살피며 지칠 대로 지쳤다. 어느 날 남편의 친구를 만났는데, '이젠 제발 남편이 하늘나라에 갔으면 좋겠다.' 는 이야기를 했다고 한다. 그리고 그 후 얼마 안 되어 남편은 하늘의 부르심을 받게 되었다. 시간이 흘러 그 아내를 만날 기회가 있었다고 한다. 병든 남편을 하늘나라에 보내고 홀가분하게 지내나 했더니, 그 아내는 눈물을 흘리며 이렇게 고백했다고 한다. "식물인간이어도 좋으니 남편이 제 곁에 있었으면 좋겠어요. 남편이 옆에 존재하지 않는 것이 이렇게 힘들 줄 몰랐어요."

함께 있을 때 우리는 함께함의 소중함을 간과하기 쉽다. 나도 한국에서 온 가족이 함께 생활할 때는 그것이 그저 평범한 일상이었고, 당연한 것으로 생각했었다. 그런데 혼자 유학을 떠나와서 막상 혼자 밥 먹고, 혼자 잠자고 하는 시간을 경험하면서 함께하는 것의 소중함을 절실히 깨달았다. 식당에서 나란히 식사를 하는 부부를 보면 부러워서 눈길을 떼기가 쉽지 않았다. 이것이 얼마나 평범하고 당연한 일상이었는지…. 남편도 역시 아내와 두 아이를 유학 보내고 홀로 송구영신예배를 드릴 때, 그렇게 외로울 수가 없었다는 이야기를 나중에 듣게 되었다.

온 가족이 함께 교회에 나와 송구영신예배를 드리는 모습이 너무나 부러웠다고 한다. 그날 유독 얼마나 외로웠는지 모른다고 남편이 말할 때 콧등이 시큰해졌다. 그렇게 오랜 시간 온 가족이 함께 예배당에 나가고 했건만 그 때는 그게 행복인 줄 깨닫지 못했다. 대단한 것을 서로 주고받지 않아도, '함께하는 것'만으로도 우린 다 가진 것이며 이것이 행복인 것이다. 가장 평범한 일상이 행복한 조건인 것을, 나는 그 이후에 깨닫게 되었다.

가족의 소중함을 깨닫고 싶다면, 함께하는 것의 소중함이 많이 퇴색되었다면, 가끔은 가족이 잠시 떨어져 볼 것을 감히 나는 제안한다. 우리 부부에겐 잠시 떨어져 있던 시절이 이제 보약이 되었다. 50대를 함께 보내고 있는 우리 부부는 함께 길을 걸어 갈 때나 외출 할 때 누가 먼저랄 것도 없이 손을 잡거나 어깨를 감싼다. 함께하는 것이 너무나 행복하고 감사해서이다. 모르는 사람이 보면 부부가 아닌 연인이라고 착각할 정도다. 우리 부부가 떨어져 지냈던 시간은, 함께하는 것의 소중함과 감사함을 우리 부부에게 가르쳐 주었다.

일찍 두 아이를 유학 보내고 나서 나는 아이들이 너무나 그립고 보고 싶었다. 그들이 겪을 외로움과 고독함을 생각하기보다는, 그저 보고픈 마음만 앞선 철없는 엄마였다. 두 아이는 나의 그리움보다 몇 갑절 더 힘든 고독과 외로움의 시간을 상대하고 있었는데 말이다. 어디선가 이런 글을 본 적이 있다. "옮겨 심은 나무는 죽지만, 옮겨 심은 사람은 성공한다." 그 말대로 내 두 아이는 외로움과 고독함 속에서 훌쩍 성장했다. 그리고 그들도 부모의 소중함, 가족의 소중함을 절절히 깨달았다.

나의 두 아이들은 유학 선배님이 되어 통화를 할 때마다 내게 잔소리 대장이다. '밥 잘 챙겨 먹어라', '유학생은 건강이 최고다.' 두 아이는 쉴 새 없이 잔소리를 해댄다. 두 아이의 잔소리가 그렇게 달콤할 수가 없다. 그리고 옅은 미소가 지어진다. 두 아이는 맘속으로 이런 응원도 했겠지. "엄마! 외로움과 고독함도 잘 이겨내야 해." '그래, 선배님 이야기에 귀 기울여야지. 나이는 엄마가 많지만 너희들이 유학 선배님이지… 선배님의 충고를 명심해야겠다.'

함께한다는 것

헨리 프레데릭 아미엘

사람은 곁에서 누군가가 함께 있어야
심신이 건강해지는 존재다

함께 밥을 먹든지 얘기하든지 잠자든지

이게 안 되면 자주 아프고 서글퍼져
몸과 마음에 구멍이 생긴다

서로 목표나 생각이 조금씩 달라도
나 혼자가 아니구나 하는 위로가 필요하다

그렇게 함께함으로써
마음에 쌓인 고단함이 사라진다.

누군가를 만났고 알았다는 기쁨이야말로
가치 있는 사람의 감정이요

상처 받기 쉬운 세상으로부터 벗어날
가장 따뜻한 삶의 순간이겠지

인생은 짧고 우리 여행 동반자들을
기쁘게 해 줄 시간은 많지 않다.

4

명품 여인,
나의 올케

우리 가정에는 날개 없는 천사가 있
다. 핏줄로 연결된 가족도 아닌데 늘 천사처럼 시부모를 돌보
는 착한 올케. 출국을 앞두고 80이 넘으신 연로하신 부모님
이 마음에 걸린다. 연로하신 어머니가 눈물을 글썽이며 말씀
하신다. "너 꼭 외국 가서 공부를 해야겠니?" 순간 울컥하고
말았다. 80이 넘으신 노모에겐 자식이 멀리 간다는 게 반갑지
않은 소식이다. 나는 무거운 마음과 걱정이 앞섰다.

먼 길 유학을 앞두고 부모님을 걱정하는 내게 올케가 말했

다. "내가 딸처럼 잘 돌봐드릴 테니 걱정 말고 다녀오세요."
나는 그 말에 힘입어 가벼운 마음으로 유학길에 올랐다. 그
후 올케는 철저히 약속을 이행했다. 유학생활 도중 가끔 전
화통화를 할 때면 "교회 어르신들 잘 챙겨드리세요. 어머님
아버님은 제게 맡기고…." 핏줄로 낳은 자식도 아니건만 지
극 정성으로 시부모님을 돌봐드린다. 귀국길에 앞서 나는 쇼
핑몰에 갔다. 논물을 제출하고, 귀국 짐 정리를 하느라 경황
이 없었지만 꼭 한 사람의 선물은 사고 싶었다. "올케에게 무
엇을 선물할까?" 올케 선물을 지극 정성으로 고르는 내게 동
행한 지인들이 의아해 한다. '올케를 그렇게 좋아하냐'고….
"그럼요!"

　가족은 핏줄로 연결된 혈연집단이다. 그런데 남자와 여자
가 결혼을 하면 가족이 갑자기 확 늘어난다. 여자에게는 특별
히 '시집식구들'이라는 새로운 가족이 생긴다. 시집식구가
싫어서 시금치도 싫어한다는 우스갯말도 생겼다. 그러나 나
의 올케는 그렇지 않다. 나는 오빠보다도 올케를 더 좋아한
다. 올케에게 더 많이 문자하고 더 많이 마음을 털어놓는다.

부모님도 "나는 아들보다 며느리가 더 좋다"고 노골적으로 표현하신다. 올케는 우리 가정에 나타난 날개 없는 천사이다.

핏줄을 나누지 않아도 우리는 사랑할 수 있다. 친구나 연인이 그렇지 않은가! 핏줄을 나눈 부모 형제가 본능적으로 사랑한다면, 그렇지 않은 사랑은 더 숭고한 사랑이다. 유학생활 말년이라 재정이 넉넉지 못해 결국은 소소한 손가방 한 개를 구입했다. 마음 같아선 명품 백을 턱 선물하고 싶었는데…. 올케에게 고마움을 전하기엔 너무나 소소한 선물이다. 그 작은 선물을 들고 올케를 만나러 달려가는 자동차 안에서 나는 마냥 설레었다. 그리고 혼잣말로 이렇게 중얼거렸다. '올케는 이 세상에서 명품 중의 명품 여인' 이라고….

내 지인 중에 돌아가신 시어머니를 너무도 그리워하는 분이 있다. 어느 날 그분을 통해 시어머니의 이야기를 듣게 되었다. 그 시어머니는 며느리와 함께 목욕탕을 자주 다녔다고 한다. 목욕탕을 갈 때면 사랑하는 며느리의 등을 밀어주시면서 하얀 우유를 몸에 부어주셨다고 한다. 예쁜 피부를 가진 며느리가 되라고…. 지극 정성으로 며느리를 아껴주시던 시어머니가 친정엄마보다도 더 그립다고 말하는 그분의 눈에 '그리움과 사랑의 눈물'이 고인다. 혈연으로 맺어진 사랑도 아름답지만 혈연으로 맺어지지 않은 사랑은 더욱더 숭고한 사랑이다.

'여성의 적은 여성'이라는 말이 있다. 하지만 여성의 적은 여성이 아니다. 여성이기 때문에 여성의 편에서 더 여성을 위해 줄 수 있다. 서로 사랑하는 시어머니와 며느리 이야기, 서로 위해 주는 올케와 시누이 이야기는 우리를 훈훈하게 한다. 관계란 처음부터 정해지는 것이 아니다. 만남에서부터 관계가 시작된다. 그러므로 관계는 만들어 나가는 것이다.

시누이와 올케의 사이, 시어머니와 며느리 사이가 처음부터 나빴던 것은 아닐 것이다. 만남으로 시작해서 두 관계가 형성되어진다. 부부의 관계가 두 사람의 노력으로 시작되듯 시댁 식구들과의 관계도 노력으로 아름답게 형성될 수 있다. 관계라는 것은 함께 가꾸는 정원이다. 물을 주지 않고 잡초도

뽑아주지 않으면 황폐해지는 것이 정원이다. 박남준 시인은 이렇게 말하고 있다. "풀꽃 한 포기를 위해 몸의 한편 내어준 적 있었는가. 피워본 적 있었던가."

아름다운 관계

박 남 준

바위 위에 소나무가 저렇게 싱싱하다니
사람들은 모르지 처음엔 이끼들도 살 수 없었어
아무것도 키울 수 없던 불모의 바위였지

작은 풀씨들이 날아와 싹을 틔웠지만
이내 말라버리고 말았어

돌도 늙어야 품안이 너른 법
오랜 날이 흘러서야 알게 되었지
그래 아름다운 일이란 때로 늙어갈 수 있기 때문이야

흐르고 흘렀던가
바람에 솔씨 하나 날아와 안겼지

이끼들과 마른 풀들의 틈으로
그 작은 것이 뿌리를 내리다니

비가 오면 바위는 조금이라도 더 빗물을 받으려
굳은 몸을 안타깝게 이리저리 틀었지
사랑이었지 가득 찬 마음으로 일어나는 사랑

그리하여 소나무는 자라나 푸른 그늘을 드리우고
바람을 타고 굽이치는 강물 소리 흐르게 하고
새들을 불러 모아 노랫소리 들려주고

뒤돌아 본다
산다는 일이 그런 것이라면
삶의 어느 굽이에 나, 풀꽃 한 포기를 위해
몸의 한편 내어준 적 있었는가 피워본 적 있었던가.

5

노래하는
선교단

나는 어렸을 때부터 노래 부르는 것
을 좋아했다. 중학교 때 미션스쿨을 다녔는데 '노래하는 선
교단'이라는 동아리에 가입했다. 매주 토요일 오후에 병원을
방문하여 환우들 앞에서 찬양을 부르는 동아리였다. 병원 복
도에서 찬양을 부르다가 병실에 들어가서 환우들을 위해 기
도를 해 드리기도 했다.

어느 날 병동 앞에서 여러 명이 함께 찬양을 부르는데, 어
느 병실에서 우리들을 초청했다. 우리와 비슷한 남자아이가

병실에 입원해 있었다. 매우 마르고 초췌한 우리 또래의 아이 앞에서 우리는 힘을 다해 찬양을 불렀다. 병명은 알 수 없지만 심각한 병마와 싸우고 있는 듯 보였다. 우리는 다함께 찬양을 불렀고 기도를 한 후 다음 주 토요일 만남을 약속하며 병실을 나섰다. 그런데 그 다음 주에 그 병실을 찾아갔을 때, 그 병실은 비어 있었다. 그리고 소년도 보이지 않았다. 지난 주 그 소년과의 만남이 이 땅에서의 마지막 만남이었던 것이다. 나는 어린 마음에도 순서 없이 부름을 받아야 하는 인생의 유한함을 다시 한 번 묵상했다.

12월 성탄절이 가까운 어느 토요일이었다. 우리는 성탄을 앞두고 더 많은 학생들과 연합하여 병원을 방문했다. 그날은 정신병동을 방문하여 찬양하기로 계획되어 있었다. 정신병동에는 다양한 사람들이 모여 있었다. 여러 명의 학생들이 몇 줄로 서서 찬양을 부르기 시작했다. 성탄을 알리는 찬송가와 그 외 여러 가지 찬양을 불렀다. 그런데 찬양을 부르는 중에 내 눈에서 자꾸만 눈물이 흐르기 시작했다. 주체할 수 없는 눈물이 사정없이 흐르는 거였다.

나는 너무나 창피했고 눈물을 멈추고 싶었는데 눈물이 그치지 않는 것이었다. 미처 닦을 수도 없고 정말 어찌 할 바를 모르며 손으로 눈물을 훔칠 수밖에 없었다. 그 때 정신과치료를 받는 내 또래의 한 남자아이가 나를 가리키며 큰 소리로 말했다. "쟤는 왜 우는 거죠?" 나는 너무나도 민망했던 마음과 동시에 눈물이 그치지 않아서 난감했던 그 날의 기억이 지금도 생생하다. 하나님께서 주신 맑은 정신으로 살아간다는 것이 얼마나 놀라운 축복인가. 그날 내가 흘린 눈물은 슬퍼서 흘린 눈물은 아니었다. 지금 생각해 보니 내 안에 계신 성령께서 흘리신 눈물인 것 같다.

그 후 오랜 세월이 흘렀고, 나는 이제 하나님 사랑을 노래하는 목사가 되었다. 하나님의 사랑을 전하는 목사가 된 것이다. 하나님께서는 내게 아픈 사람들을 위로하는 특별한 은사를 주셨다. 교회사역을 하면서 나도 모르게 병원, 요양원 등을 지극 정성으로 심방하고 있는 나 자신을 발견한다. 내 속에 그렇게 선한 것이 없는데, 이것이야말로 성령께서 주시는 마음인 것 같다. 성령께서 연약하고 병든 심령을 심방하기 원하신다. 부족한 나를 사용하여 주시는 것이 은혜이다.

첫 아이를 출산하고 한참 재롱을 부릴 나이가 되니 둘째 아이를 갖고 싶다는 소망이 생겼다. 생명의 주권자는 하나님이시니 나는 둘째 아이를 허락해 달라고 하나님께 40일 작정 새벽기도를 시작했다. 새벽기도를 하던 중이었는데, 어느 날 무릎을 꿇고 기도를 하면 다리에 통증이 느껴졌다. 다리 곳곳이 혈관을 따라서 불룩하게 부어있었고 점점 더 많이 부어오르는 것이었다. 동네 병원에 가서 진료를 했는데, 의사는 소견서를 써 주면서 큰 병원으로 가야 한다고 말했다. 큰 병원에 가서 예약을 하고 진료를 받게 되었는데, 그 곳에서 청천벽력과 같은 소리를 들었다. 그 때 내 다리에 울퉁불퉁하게 혈관으로부터 튀어나온 증상이 있었는데, 그 병명이 혈관염이라는 것이었다. 혈관을 따라서 생겨나는 이상 현상인데 그것이 심해져서 눈까지 올라오면 자칫 실명이 될 수도 있는 무서운 병이라는 것이다. 그리고 그 병은 현재 완치되지 않는 무서운 질병이라는 것을 의사가 통고해 주었다.

그런데 그 때 이미 내 몸속에는 생명이 잉태해 있었다. 기도한 대로 응답을 주셔서 태중에 둘째 아이의 생명이 있었다. 이 병을 치료하기 위해서는 여러 가지 검사를 해야 하는데, 자칫 태중에 있는 생명에 영향을 미칠 수도 있는 위험천만한 상황이었다. 임신 말기가 되어 태아의 몸무게가 늘어나고 산모의 몸무게가 늘어나면 병이 더 심해 질 수도 있다는 소견이었다. 일단은 다리를 많이 쓰면 안 되니 걸어 다니지 말고 일단 입원부터 하자고 의사가 제안을 했다. 그리고 간호사는 마침 피부과에 빈 병실이 없는 연고로 병실을 알아보느라 분주했다.

순간 나의 결정이 필요했다. 나는 순간 '이 상태로 입원을 해서 태중의 아이에게 이상이 생기기라도 하면 어쩌나' 하는 불안감이 뇌리를 스치고 지나갔다. 그래서 나도 모르게 순간 이렇게 말해버렸다. "남편과 일단 통화를 해야 하니 통화를 한 후 입원하러 오겠습니다." 이렇게 말한 후 의사가 써 준 소견서를 들고 나는 병원을 뒤로 하고 무작정 밖으로 뛰쳐 나왔다. 지나가는 택시를 잡아 세우고는 일단 택시를 탔다. 어느 방향으로 가야하는지 택시 기사가 질문을 했는데, 순간 나는 울컥하면서 말문이 막혔다. 눈물을 훔쳐 내리는 나를 택시 기사가 백밀러로 보고는 그냥 출발을 했다. 조금 시간이 흐른 후에 나는 좀 침착해졌다. 나는 목적지를 말했고, 그 목적지는 교회였다. 나는 곧바로 예배당으로 들어갔다. 너무 놀란 마음에 기도도 나오지 않았고, 그냥 눈물만 하염없이 흘러 내렸다.

순간 나는 이런 생각을 했다. 어차피 큰 질병에 걸렸다면, 며칠 후에 입원한다고 뭐 더 큰일이 일어나겠는가? 나는 현재 40일 작정기도를 하는 중이니까, 이 작정기도를 다 마치고 입원을 하겠노라고….' 일단은 하나님께 약속한 기도를 마치고 그 후는 나중에 생각하겠노라고 결심을 했다. 그리고 집으로 갔다. 마지막 40일까지 작정기도를 하는데 열심을 다했다. 그리고 마지막 5일은 전일 금식기도를 작정했었다. 금식을 하는데 창자까지 뒤틀리는 듯 했다. 태중에 아이가 있었고, 입덧을 시작할 즈음이었기 때문에 금식기도는 죽을 것처럼 힘들었다. 하나님 은혜로 나는 5일 금식기도와 40일 작정

기도를 끝까지 잘 마칠 수 있었다. 마지막 날 금식을 하고 비몽사몽간에 잠자리에 들었다. 다음날 아침 눈을 떴을 때, 기적이 일어났다.

기적은 특별한 사람에게만 허용되는 은혜인 줄 알았는데, 내게도 기적이 일어난 것이다. 나는 너무도 놀랐다. 다리에 울퉁불퉁하게 혈관을 타고 부어있었던 부위들이 정말 거짓말처럼 깨끗해 진 것이다. 그 전에는 부어있던 다리 때문에 무릎을 꿇을 수가 없을 지경이었는데, 흔적도 없이 사라진 것이다.

혈루병으로 앓던 여인이 예수님 옷자락을 만진 다음 혈루의 근원이 마른 것처럼, 내 다리의 염증들이 거짓말처럼 사라져 버렸다. 여호와 라파 하나님은 기적을 베푸시는 하나님이시다.

그 이후 나는 하나님만을 위해 살기로 결심했다. 생명을 지켜주신 하나님 앞에 무엇을 하지 못하겠는가 하는 마음으로 신앙생활을 해 왔다. 그리고 지금은 목사가 되었다. 지금도 나는 신도들 병원 심방을 새벽, 밤낮을 가리지 않고 열심히 한다. 그 이유는, 내가 아팠다가 치료받았기 때문이다. 난데 없이 찾아오는 질병을 감당하는 것이 얼마나 힘들고 얼마나 당황스럽고 부담이 되는지를 누구보다도 내가 잘 알기 때문이다.

질병으로 인해 깊은 절망 속에 빠져 있던 한 여인이 예수님의 소식을 들었다. 마지막 소망으로 예수님의 옷자락이라도 만지기 원했던 여인이 예수님의 옷자락을 만졌을 때 예수님은 그녀의 심정을 아셨다. 그리고 아픔의 근원이 치료되는 놀라운 은혜를 입었다. 우리의 연약함을 아시고 감싸주시는 예수님은 절망에서 우리를 끌어올리신다. 질병에서 자유케 하시는 전능하신 하나님이시다.

제2장

52세에
뭔 유학?

1

Why not?

　　바야흐로 한국은 매서운 날씨의 겨울
에 접어들었고 나는 빨리 논문 지도교수를 정해야 하는데, 쉽
지가 않다. 한국에서 홀로 지내는 남편을 생각하며 빨리 논문
을 마치고 돌아가야겠다는 조급한 마음으로 학교 홈페이지
를 뒤지기 시작했다. 마침 졸업논문이 저장되어 있는 사이트
를 발견했다. 나는 숨 가쁘게 읽기 시작했고, 반복되는 한 분
의 지도교수의 이름을 발견했다. Peter Im. Peter Im. Peter
Im. 그분의 이메일 주소를 찾아내어 이메일을 보냈는데 바로
답장이 왔다. 오전 11시에 약속이 잡혀 단숨에 차를 몰고 학
교가 소재해 있는 파사데나로 달려갔다. 더운 날씨가 아니었
는데도 진땀이 났다. 교수님은 먼저 나 자신에 대한 소개를

직접 해보라고 하였다. 내 소개를 들은 교수님은 내게 논문에 대해 몇 가지 질문을 하였고, 긴 시간 논문과 관련된 대화는 계속 되었다.

교수님은 대화 말미에 "논문을 언제까지 완성하기 원하느냐"라는 질문을 하였다. "2월 말까지요."라고 대답하는 내 목소리는 잔뜩 움츠려 있었다. 왜냐하면 '2월말까지 논문을 쓰는 것은 불가능하다'는 말을 이분을 만나기 직전 다른 교수님을 통해 들었기 때문이다. 나는 두 번 실망하고 싶지 않았다. 그런데 교수님으로부터 의외의 대답이 나왔다. "Why not?" 아…나는 지금도 이 말을 좋아한다. "Why not!" "시간과 에너지를 집중한다면 할 수 있습니다."

끝없이 격려해 주는 교수님 덕분에 나는 논문을 써나갈 수 있었다. 30여년 교수직을 통해 논문을 지도해 온 베테랑 교수님의 지론은 이러했다. "어차피 학생이 쓰는 논문은 그 학생의 수준을 넘어 설 수 없습니다. 그러므로 일단은 학생이 가지고 있는 모든 것을 끄집어내는 것이 교수의 역할이죠. 그런데 경험이 부족한 교수는 초반부터 지적질(?)을 해서 학생들의 기를 꺾어놓기도 합니다." 이러한 격려의 달인 교수님 덕분에 나는 논문을 쉴새 없이 써나갈 수 있었다. 나이가 들어도 사람에게는 역시 격려가 최고의 수단인것 같다.

논문을 쓰는데 반드시 긴 시간이 필요한 것은 아니다. 무엇보다 중요한 것은 집중력이다. 나는 교회사역을 정리한 상태였기 때문에 아침에 일어나서 간단한 운동을 한 후 논문을 쓰기 시작했다. 밥 먹는 시간과 잠자는 시간 외에는 거의 논문을 써 내려갔다. 될 수 있으면 지인들과의 만남도 절제했다. 지인들과 대화를 하다가 돌아와서 다시 글을 쓰려면 마음이 흐트러져서 다시 중심을 잡는 데 시간이 필요했기 때문이다. 어느 날은 너무 힘들고 지쳐서 침대에 그냥 누워버린 날도 있었다. 그렇게 논문을 쓰면 쓸수록 가속도가 붙기 시작했다. 논문을 다 쓴 후 시간을 계산해 보았다. 하루에 3시간씩 꼬박 일 년 간 논문을 쓴다면 전체 시간은 1,095 시간이다. 그런데 하루에 15시간씩 3개월간 논문을 쓴다면 전체 시간은 1,350 시간이다.

집중력과 효율 면에서는 1년보다는 3개월에 논문을 완성하는 것이 훨씬 더 유익하다. 그래서 논문을 쓰거나 책을 쓰기 원하는 사람에게 나는 권면한다. 가능하면 짧은 시간에 집중의 힘을 이용해서 글을 쓰는 것이 유익하다고…. 특히 심도 있는 작업일수록 시간과 에너지를 집중하는 것이 좋다. 성경을 읽을 때에도 너무 오랜 시간에 거쳐서 읽는 것보다는 빨리 읽을수록 좋다. 왜냐하면 너무 긴 시간 동안 성경을 읽을 경우에는 앞뒤 문맥의 연결이 어렵고 역사를 한눈에 꿰뚫기가 어려울 수 있기 때문이다.

만남은 하나님의 섭리 안에서 이루어지는 귀한 축복이다. 귀한 논문 지도교수님을 만났기에 나는 논문을 제출해야 할 시간까지 잘 마무리 할 수 있었고, 그 후, 무사히 한국으로 돌아왔다. 그 때 임 교수님을 만나지 못했더라면 나는 아직도 가족과 떨어진 채 논문을 쓰고 있을지도 모르겠다. 임 교수님을 만난 후 내겐 한 가지 기도제목이 추가되었다. 임 교수님처럼 사람을 격려하는 사람이 되고 싶다는 것. 지친 인생길에서 격려가 필요한 사람들의 등을 토닥여주며, 그들을 격려하고 일으켜 세우는 사람이 되고 싶다는 소망을 가져본다.

윌리엄 버클레이는 말했다. "인간 최상의 의무 중의 하나는 격려의 의무입니다. 다른 사람의 정열에 찬물을 끼얹기는 쉽습니다. 다른 사람을 절망시키기는 훨씬 쉽습니다. 이 세계는 다른 사람을 좌절시키는 사람들로 가득합니다. 그러나 우리는 서로 격려해야 할 그리스도인으로서의 의무를 가지고 있습니다."

어머니의 격려를 통해 이탈리아의 전설적인 테너 가수가 된 엔리코 카루소(Enrico Caruso, February 25, 1873-August 2, 1921)의 일화를 소개하고 싶다.

10세쯤 되는 소년이 나폴리의 어느 공장에서 일하고 있었다. 그의 꿈은 성악가가 되는 것이었다. 어렵게 모은 돈으로 그는 레슨을 신청했는데 그의 노래를 듣던 교사는 다음과 같이 말하며 그를 낙담시켰다.

"네 노래는 적당하지 않아. 마치 덧문이 바람에 흔들리는 것 같은 목소리야."

그러나 가난한 농부의 아내였던 그의 어머니는 그를 끌어안고 온화하고 애정 어린 말로 격려 했다. "너는 꼭 훌륭한 성악가가 될 거야. 엄마는 확실히 알 수 있어. 그 증거로 네 노래는 점점 좋아지고 있잖니?"

그녀는 얼굴이 새까맣게 탈 정도로 열심히 일을 해서 아들에게 음악공부를 시켜 주었다.
그 어머니의 칭찬과 격려가 소년의 생애를 변화시켰다.
그리고 그는 전설적인 테너가수가 되었다.
　　–신경직 저 '칭찬 한 마디가 아이의 인생을 바꾼다' 에서

칭찬과 격려는 다르다. 칭찬이 이미 벌어진 결과에 대한 평가라고 한다면 격려는 앞으로 잘할 것이라는 미래 지향적 예측이다. 현재의 잘잘못과 관계없이 격려는 소망을 품게 하고 자신감을 불어넣는다. 격려는 넘어진 무릎을 일으켜 세운다.

오늘도 학교 수업을 마치고 예배당에 기도하러 들른 고2인 지훈이의 어깨가 축 쳐져 있다. 나는 그의 등을 두드리며 이렇게 말했다. "지훈아, 목사님도 너무 힘들어서 아침에 눈을 뜨기 싫을 때가 있단다." "정말요?" 지훈이의 눈이 반짝반짝 빛난다. 그리고 이어서 말한다. "목사님은 언제나 활짝 웃으셔서 늘 좋은 일만 있으신 줄 알았어요." "지훈아, 어떻게 사람에게 좋은 일만 있겠니? 어떤 상황에서도 기쁨을 선택할 뿐이지. 날마다 햇빛만 내리쬐면 사막이 된다는구나. 때로는 태풍이 몰아치고 해일이 일어날 때 오히려 작은 미생물들은 숨을 쉴 수 있다고 해."

요즘 어려운 수학숙제로 인해 스트레스를 제대로 받고 있는 지훈이에게, 오늘 내가 툭 던진 이 말이 격려가 되었나 보다. 예배당으로 올라가는 지훈이의 발걸음이 가벼워보인다. 지훈이의 뒷모습을 바라보며 나는 행복하다. 아프고 지친 성도들의 어깨를 감싸 안을 수 있어 나는 행복한 목사이다. 나는 언제나 그들을 격려하기 원하나, 오히려 그들이 내게 격려가 되고 있음을 오늘도 깨닫는다. 오늘따라 나를 늘 격려해 주시던 교수님의 목소리가 귓전에 들리는 듯하다.

Why not?

2

아보카도
한 개의 행복
(결핍의 은혜)

주머니를 뒤져보니 달랑 1달러와 동전 몇 개밖에 없다. 달러와 원화가 혼동되어서 규모 없이 지출을 하다 보니 돈이 떨어진 것이다. 이를 어쩌나. 식자재를 사야 하는데… 그 돈을 가지고 마트에 갔다. 아보카도 1개를 $1.45 주고 구입했다. 집에 돌아와 냉동실에 있는 빵을 녹이고 아보카도를 넣어서 샌드위치를 만들었다. 얼마나 맛있던지…아보카도 한 개가 얼마나 감사하던지… 예전엔 아보카도를 한 번에 너무 많이 구입했다가 미처 다 먹기도 전에 상해서 쓰레기통에 버린 적도 있었다. 풍요 속에서는 감사를 체험하기 어렵다. 그러나 결핍은 우리에게 감사를 가르쳐 준다. 결핍은 감사를 배울 수 있는 절호의 찬스이다. 또한 감사로 나아가는 통로이다. 감사를 배우는 학교의 등록금은 결핍과 고난이다.

　유학생활을 시작할 때 결심한 바가 있었다. 이번 기회에 철저하게 '나그네 인생을 경험해 보리라'고 다짐했다. 최소한의 물품으로 유학생활 기간 동안 버텨보기로 한 것이다. 나그네는 언제 떠나야 할지 모르니 짐이 적으면 적을수록 이동하기가 수월하다. 그래서 필요한 물건들을 될 수 있으면 구입하지 않는 것으로 나는 다짐하고 또 다짐했다.
　그러나 한국을 떠나 있으니 더욱더 남편과 부모, 지인들이 살고 있는 내 조국의 소식이 언제나 궁금했다. 아침에 외출할 준비를 하면서도 나는 늘 채널을 고정해서 한국뉴스를 보았다.　스마트 폰으로 뉴스를 시청했는데, 중간 중간에 전화가 오거나 문자가 오면 급하게 확인을 해야 해서 뉴스가 중간에 끊어질 때가 많았다. 나는 텔레비전이 하나 있으면 좋겠다는 생각을 했다. 뉴스를 틀어놓고 무언가 다른 일을 한다면 시간을 절약할 수도 있을 거라는 생각도 들었다. 텔레비전 가격이 많이 저렴해져서 작은 사이즈는 큰 부담 없이도 구입할 수 있었다. 하지만 참기로 했다. 나그네 인생이니까… 또 한국에 돌아갈 거니까 살림살이를 늘리면 안 된다고 스스로 자제했다.

아! 그런데 얼마 후 기쁜 소식을 듣게 되었다. 지인 중에 이사하면서 새 텔레비전이 생겨서 중고텔레비전을 정리한다는 소식을 듣게 된 것이다. 혹 중고 텔레비전 필요하면 가져가겠냐는 전화가 왔다. "물론이죠." 나는 단숨에 대답했다. 드디어 중고 텔레비전이 내 숙소에 도착했다. 안테나와 리모컨은 없었다. 바로 전기제품을 파는 가게로 달려가 안테나와 리모컨을 구입하여 세팅하고 연결을 시도했다. 늘 한국에서 전기코드 연결은 남편이 담당했던 분야라 내 솜씨는 매우 서툴렀다. 거의 반나절의 시간이 지나간 것 같다. 결국 리모컨 세팅은 실패했고, 안테나를 연결하니 텔레비전이 나온다.

한국뉴스가 화면에 뜨는 순간, 나는 눈물이 핑 돌 정도로 감사하고 감격했다. 이젠 텔레비전을 틀어놓고 마음껏 스마트폰으로 문자를 확인할 수도, 전화를 받을 수도 있다는 사실이 너무나 감사했다. 생각해보니, 내가 살아오면서 텔레비전이 없었던 기억은 없다. 또한 텔레비전 때문에 감사해 보기도 처음인 것 같다. 중고 텔레비전에서 한국뉴스가 나올 때, 나는 너무나 감사해서 마치 지구를 다 얻은 것 같았다. 결핍이 진정한 은혜임을 깨닫게 된다.

올 여름은 날씨가 너무 더웠다. 열대야가 밤새 지속되던 어느 날 나는 에어컨을 틀어놓고 깜박 잠이 들었다. 아침에 일어났는데 목소리가 나오지 않는 것이었다. 감기 기운에 에어컨 바람을 직통으로 맞아 성대에 이상이 생긴 것이다. 오후쯤 되면 목소리가 나오겠거니 생각하며 무심히 지나갔다. 그런데 저녁이 되어도 목소리가 전혀 나오지 않는 것이었다. 나는 갑자기 불안했다. 이러다가 평생 목소리가 안 나오는 게 아닐까 하는 불안감이 순간 뇌리를 스치고 지나갔다.

교회에 출근을 했는데, 목소리가 나오지 않으니 내가 할 수 있는 일이 아무것도 없었다. 전화를 받을 수도, 사람들을 만나서 이야기 할 수도, 말씀을 전할 수도, 누군가와 함께 소리내어 기도를 할 수도 없었다. 정말 그날 내가 할 수 있는 일이란 아무것도 없었다. 그동안 마음껏 사용했던 목소리가 내 것인 줄 알았는데, 내 것이 아니었음을 절실히 깨달았다. 나는 간절히 기도했다. 그동안 말로 누군가를 마음 아프게 한 일들을 용서해 달라고, 그동안 목소리를 마음껏 사용한 것에 대해 감사했다. 그리고 목소리를 다시 주신다면 정말 사람을 위하는 말들만 하겠노라고… 좋은 말만 하겠노라고 간절히 소원하며 기도했다.

다음날 아침부터 개미만한 목소리가 나오기 시작했다. 한평생 나는 말을 하면서 살아왔다. 그래서 말을 하는 것이 당연했고, 목소리에 대한 감사는 미처 생각지도 못했었다. 막상 목소리가 나오지 않으니 그동안 나는 얼마나 큰 은혜를 누렸는지 비로소 깨달은 것이다.

결핍은 감사의 어머니다. 결핍이 없으면 감사를 경험하기 어렵다. 내 아이들이 어렸을 때, 매우 힘든 고난도(高難度) 캠프에 일부러 두 아이를 참가시킨 적이 있다. 마치 군대 훈련소처럼 어린아이들을 훈련시키는 캠프라고 지인으로부터 소개를 받았다. 초코파이 한 개를 먹고 긴 거리를 행군하기도 하고 물속에서 긴 시간을 수영해야 하고… 재미라고는 하나도 없이 강행군을 시키는 캠프에 두 아이를 보낸 것이다. 핸드폰도 다 반납하고 갔기 때문에 부모와도 연락이 두절된다. 캠프를 마치고 돌아온 두 아이의 얼굴을 보니 거의 군인 아저씨가 된 듯하다. 얼굴이 검게 그을리고 초췌했다. 그리고 이렇게 말한다. "엄마가 보내는 캠프에 다시는 안 갈 거라고…."

넘치는 풍요 속에서 살아가는 두 아이들에게 힘든 걸 경험시키고 싶었다. 지금 누리는 이 모든 것이 평범한 게 아니라는 걸, 두 아이에게 가르치고 싶었던 욕심쟁이 엄마였음을 이해해 주길 바란다. 두 아이는 그 캠프 때 고생했던 이야기만 나오면 거의 뒤로 넘어갈 정도로 재밌어하며 웃어댔다. 즐거웠던, 행복했던 그 어떤 캠프보다도, 지질이도 고생했던 그 캠프가 두 아이의 기억 속에 강한 추억으로 남아있으리라. 아이들에게 결핍을 가르쳐야 한다. 결핍이 없으면 감사를 배울 수 없기 때문이다.

오늘날 우리가 누리는 모든 삶 가운데 감사함이 묻어나지 않는다면, 일단은 결핍이 없었기 때문이라고 나는 감히 진단해본다. 아이들에게 풍요만을 누리게 한다면, 그들에게서 감사를 빼앗는 결과를 초래할 것이다. 감사는 결핍을 통해 자동으로 깨달아지는 은혜다. 돈이 많으면 할 수 있는 것들이 많아서 참으로 좋겠지만, 때론 돈이 없어도 좋은 이유가 있다. 나는 오늘 아보카도 샌드위치를 먹으면서 '유학생에게 돈이 없어서 좋은 이유'를 일기장에 이렇게 적어 보았다.

돈이 없으면 하나님밖에 의지할 데가 없어서 간절히 기도할 수 있다.

돈이 없으면 까마귀를 통해 공급받는 경험을 할 수 있다.

돈이 없으면 마음이 가난해진다.

돈이 없으면 쇼핑 갈 일, 시장 갈 일이 없어져서 시간이 절약되어 공부할 시간이 많아진다.

돈이 없으면, 냉장고를 열어서 남아있는 잔반을 먹게 되므로 냉장고가 정리된다.

돈이 없으면 겸손해진다. 하나님의 공급 없이 살 수 없음을 깨닫게 된다.

돈이 없으면 만남이 절제된다. 밥값이 없기 때문에 되도록 만남을 절제한다.

돈이 없으면 기도할 시간이 늘어난다. 쇼핑, 외식 등으로 시간이 허비되지 않으므로 돈이 없으면 말씀을 읽고 묵상할 시간이 늘어난다.

돈이 없는 사람의 심정을 이해할 수 있다.

돈이 없어보니, 그동안 돈이 있었던 삶이 얼마나 감사했는지 깨달아진다.

3

첫 알바와
넘어짐의 근육

 딸아이가 대학에 입학하고 첫 방학을
맞이하면서 알바를 시작했다. 음악을 전공했던 아이는 피아
노학원에서 보조교사로 알바를 시작한 것이다. 어느 날 알바
를 마치고 와서는 이불속에서 엉엉 우는 것이었다. 나는 당
황해서 아이에게 이유를 물었고, 이유를 들어본 즉 이러했다.
원장님에게는 자신과 비슷한 연령의 딸이 있었는데, 자신은
힘들게 일하고 청소까지 하는데, 원장님의 딸은 행복하게 앉
아서 원장님과 수다를 떨고 있더라는 것이다. 원장님의 딸이
니 당연한 상황인데도 불구하고, 비슷한 연령대의 아이가 느

낄 수 있는 감정이었다. 그 후 첫 월급을 받고는 원장님에게 작은 선물을 하고, 음악학원의 어린 학생들에게 예쁜 연필을 한 자루씩 선물하는 딸아이의 행동이 무척 대견했던 기억이 난다.

그 이후 아이는 미국으로 유학을 갔다. 아무래도 부모님께 학비와 생활비를 보조 받다 보니 넉넉하지 않았을 것 같다. 딸아이가 까페에서 알바를 한다는 소식을 전해 들었다. 나는 펄쩍 뛰며 "부족하면 생활비를 더 보내 줄 테니 알바는 하지 말고, 공부만 하거라"라고 말했던 기억이 난다. 그러나 아이는 짬짬이 알바를 해서 용돈을 벌어 쓰곤 했다. 지금 돌이켜 보니 내 생각이 너무나 짧았다고 느껴진다. 미국의 아이들은 고등학교만 졸업하면 자신이 생활비를 벌어서 쓰고 자신의 생활을 자신이 책임진다. 푸드 코트에서 청소를 하기도 하고, 음식물을 배달하기도 한다.

부모를 의존하지 않고 스스로 벌어서 쓰는 것이 그들에게 는 일상이고 당연한 일이다. 우리나라에서는 무조건 공부만

하라는 식이지만 미국에서는 일정한 나이가 되면 자신의 생활을 자신이 책임진다. 이런 분위기는 매우 합리적이라는 생각이 든다. 고등학교를 졸업한 후 대학생활을 할 때는 학비를 융자 받아서 공부하고, 졸업 후 직장에 다니면서 평생 갚아 나가는 아이들을 많이 보았다.

미국에서의 결혼식 또한 한국과는 사뭇 다르다. 한국에서 결혼식을 준비할 때는 신랑, 신부의 부모가 많은 것들을 감당해 주는 경우가 있다. 때론 집을 마련해 주기도 하고, 혼수를 마련해 주느라 부모의 재정이 휘청하는 경우를 본적이 있다. 미국에서 결혼식 하는 젊은 남녀를 보았는데, 우리의 방식과 많이 달랐다. 결혼 주인공인 신랑 신부가 청첩장부터 시작해서 모든 것을 직접 준비하고 기획한다. 초청장을 보낸 후에도 일일이 참석과 불참석에 대한 피드백을 받은 후 오겠다고 확정지은 사람에 대한 테이블을 세팅한다. 신혼집을 마련할 때도 두 부부가 직접 수고하여 마련한다. 이처럼 스스로 모든 것을 기획하고 준비하며 실행하는 모습들이 보기 좋았다. 자신들의 인생을 스스로 책임지는 모습이 귀하게 느껴졌다.

큰아이가 초등학교에 다닐 때의 일이다. 어느 날 아이를 학교에 보내고 난 후 집안을 청소하다 보니 아이가 준비물을 놓고 간 것이다. 학교 수업시간에 준비물을 챙겨오지 않아 당황하여 앉아 있을 아이를 생각하니 그대로 있을 수가 없었다. 냉큼 뛰어가 준비물을 전해 주고 돌아온 기억이 있다. 비 오는 날이면 아무리 바쁜 일이 있어도 중간 스케줄을 접고 아이 학교에 우산을 갖다 주었던 기억도 있다.

지금은 아이가 성장하여 지난 시절의 내 모습들을 돌아볼 여유가 좀 생겼다. '아이에게 실패할 기회를 주지 않은 것'이 과연 잘한 일일까? 그건 아니라는 생각이 들었다. 때론 준비물을 가져가지 않은 상황을 아이가 슬기롭게 헤쳐 나가야 하는데, 그러한 과정을 경험할 기회를 이 성급한 엄마가 뺏은 것은 아닌가 하는 후회도 생긴다. 때로 비 오는 날 우산이 없어 봐야, 친구의 우산을 빌려 쓰는 법을 배울 수 있었을 텐데. 그래야 우산이 없는 친구의 심정도 헤아릴 수 있었을 텐데 말이다. 완벽한 엄마가 되고 싶었던 철없는 엄마의 행동이 아니었나 하는 생각이 든다.

우리의 인생 가운데, 또 우리 자녀들 인생 가운데 실패의 근육을 키워야 한다는 생각이 들었다. 실패를 받아들이는 여유가 있어야 한다. 우리 인생길에 늘 성공만 기다리고 있는 것은 아니다. 때로는 궂은 날도 있고 우리를 낙심케 하는 일도 만날 텐데 실패를 받아들이는 근육을 만들어 놓지 않으면, 우리의 자녀들이 작은 일을 만나도 쉽게 당황하고 쉽게 좌절할 수 있다.

넘어지는 것을 경험해 봐야 한다. 그래야 더 큰 넘어짐을 예방할 수 있다. 그리고 넘어져 봐야 넘어진 사람의 심정도 헤아린다. 넘어지는 것을 두려워하지 않는 아이로 키우라고 젊은 어머니들에게 당부하고 싶다. 누군가가 이런 말을 했다. "넘어지는 것을 두려워하면 스키를 배울 수가 없다"고. 걷다가, 뛰다가 보면 자의든 타의든 넘어질 수 있다는 것을 아이에게 가르치자. 넘어지면 아프다는 것도 경험해야 더 큰 아픔을, 더 큰 넘어짐을 방지할 수 있을 것이다. 어차피 인생은 넘어짐의 연속이 아니던가.

우리의 아이들이 인생을 살아가면서 자신의 아픔뿐만 아니라 상대방의 아픔도 품을 수 있는 가슴 넓은 아이로 자라나면 참 좋겠다.

4
은혜 아니면

　　내일은 수학능력시험을 보는 날이다. 지금은 가장 힘든 것 같지만 세월이 지난 후 이 때가 가장 행복했다는 것을 수험생들은 느끼게 되겠지. 나도 박사 논문을 쓸 때 너무 힘들었지만, 그 때가 가장 행복한 때였음을 세삼 깨닫는다. 시간이 지나고 보니 더욱더 절실히 깨닫는다.

　　논문을 마치고 1차 심사를 마친 후 나는 왈칵 눈물을 흘렸다. 그동안의 수고와 고생이 주마등처럼 스치고 지나갔다. 너무 감사해서 눈물이 났다. 실은 논문을 쓸 때 너무 힘들어서 가끔 눈물을 흘리곤 했다. 논문을 쓰는 건 만만치 않았다. 귀한 논문 지도교수님을 만나는 은혜를 주셨기에 그나마 잘 버틸 수 있었다. 교수님은 항상 내게 이렇게 말했다. "이연주 목사를 하나님께서 어떻게 특별히, 귀하게 사용하실지 기대가 됩니다." 나는 논문 지도를 받으러 갈 때면 노트를 펴고 교수님의 말을 빠짐없이 상세히 기록했다. 그리고 힘들고 지칠 때마다 노트를 펴고 교수님의 격려의 말을 읽고 또 읽었다. 그러면 힘들다가도 새로운 힘이 생겨났다.

늦은 나이에 내가 공부를 시작할 때 많은 사람들이 이렇게 생각했을 것이다. '과연 공부를 감당할 수 있을까?' '끝까지 모든 과정을 잘 마칠 수 있을까?' 하지만 나는 최선을 다해 노력했고 그 노력은 나를 배반하지 않았다. 논문을 쓰면서 '은혜 아니면'이라는 찬양곡을 수도 없이 반복해서 들었다. 정말로 은혜 아니면 할 수 없는 공부였고, 은혜 아니면 마칠 수 없는 과정이었기 때문이다. 벽을 만날 때마다 나는 벽을 뛰어넘기 위해 노력했고, 그 때마다 나를 번쩍 들어 벽 위로 밀어 올려주시는 보이지 않는 손이 있었음을 고백한다. 그 손의 주인공은 바로 나의 아버지, 하나님이시다.

나는 논문을 마치기 직전 모교로부터 부름을 받았다. 내가 그렇게도 원했던 강의를 할 수 있게 된 것이다. 그날의 감동을 쓴 시를 소개한다.

날마다 응답을 사모했는데
막상 응답이 오니
내 영혼이 너무나 놀라고
흥분이 된다.

그래서
하나님이신데
없는 것을 있게 하시고
낮은 자를 들어 쓰시는 하나님이신데…

하나님의 은혜가
내겐 너무 과하고
내겐 너무 넘치는구나!

어저께 수요예배 설교를 하면서 나는 울컥했다. 부족한 나를 단 위에 세워주시고 감히 하나님의 말씀을 선포케 하신 그 하나님의 은혜가 너무나 감사했다. 모든 성도들에게 오히려 내가 배워야 할 사람인데, 거꾸로 하나님의 말씀을 전하는 자리에 선 것이 너무나 부끄럽고 죄송 했다. 어제의 설교는 성도들에게 하는 설교가 아니라 바로 나 자신에게 탄식하며 전하는 메시지였다.

성대가 약해서 쉽게 목소리가 쉬어 버리는 나를 위해 꿀에 생강과 대추를 넣어서 만든 음료를 내미는 집사님 때문에 또 한 차례 힘을 얻는다. 자격 없는 나를 위해 베풀어 주는 이 은혜들… 이것이야말로 자격 없는 나에게 베푸시는 은혜이다. 부끄럽지 않은 사역자가 되어야 하는데, 나는 너무나 부족해서 하나님께 죄송하고 성도들께 죄송할 따름이다. 나는 어느 때가 되어야 철든 목사가 될 수 있을까? 난 너무나 철이 없는 목사인 것을 오늘도 깨달으면서 '은혜 아니면' 살 수 없는 인생임을 다시금 고백한다.

5

52세 유학생

52세 봄날! 나는 유학을 떠나기로 결심했다. 내 이야기를 들은 주변 사람들은 대부분 놀라워했다. "아니 유학은 젊을 때 가는 거지, 50대에 유학을 가다니…." 어이없다는 반응이다. 그것도 자국이 아닌 타국에 가서 50대 아줌마가 공부를 한다는 것이 평범한 일은 아니었다. 더군다나 나는 영어 실력이 유창한 편도 아니었다.

십여 장이 넘는 입학 원서를 영어로 작성했다. 입학원서와 여러 가지 서류를 첨부하여 학교로 입학서류를 보냈다. 그리고 나는 간절히 합격 통지서를 기다리고 기다렸다. 우편함을 열 때마다, 혹시라도 합격증이 왔을까 가슴이 조마조마했다.

가슴 설레며 수많은 날들을 기다리던 어느 날, 드디어 우편함을 열어보니 합격증이 들어있었다. 합격 통지서가 온 것이다. 봉투를 뜯는데 가슴이 콩닥거렸다. 그날은 내 생애에 있어서 또 다른 문이 열리는 시작이었다.

비자를 받는 것부터 쉽지 않은 관문이 시작되었다. 아침 일찍 미 대사관에 가서 번호표를 받았다. 제일 부드러운 인상의 면접관이 걸리기를 맘속으로 간절히 바랐다. 그런데 제일 까다로워 보이고 인상이 험악한 면접관이 내 번호를 불렀다. 그는 미국인이었는데 다짜고짜 왜 미국에 가야하는지? 학비는 누가 지원하는지? 유학을 마치고 와서는 무엇을 할 것인지? 등등 십 여 가지도 넘는 질문을 내게 끊임없이 던졌다. 한 가지 질문에라도 내가 버벅거리면 결코 비자를 내주지 않겠다는 표정이었다. 나는 침착하게 모든 질문에 막힘없이, 아주 구체적으로 대답했다. "공부를 마치고 한국에 돌아오면, 나는 교수를 할 것이다." 그는 곧바로 "어느 학교에서 교수를 할 거냐"고 또 묻는 것이었다. 나는 당당히 말했다. "ㅇㅇ 대학교에서 할 거다." 나는 석사과정을 공부했던 나의 모교 명을 말했다. 모든 질문에 거침없이 대답하는 내게 인터뷰를 진행했던 미국인은 씨익 웃으면서 서류에 합격도장을 쾅 찍어주었다. 그리고 서투른 한국말로 이렇게 말하는 거였다. "집.에. 가.서. 기.다.리.세.요.~"

'말대로 된다'는 속담이 있다. 놀라운 것은 그 후 미국에서 공부를 마칠 즈음에 모교 총장님이 미국에 강의차 오셨다. 함께 식사하는 자리에서 총장님은 나를 교수로 불러 주셨고 나는 꿈에도 그리던 모교에서 강의할 기회를 갖게 된 것이다. 말대로 된다는 진리를 다시 한 번 경험하는 순간이었다. "꿈은 반드시 이루어진다." 나의 마지막 꿈은 학교 교단에서 신학생들을 Teaching 하는 것이었다.

짐을 꾸렸다. 혹시라도 빼먹지 않기 위해 메모를 해가며 체크를 했다. 그리고 나는 설레는 마음으로 비행기에 몸을 실었다. 새로운 삶의 첫 페이지를 시작하는 역사적인 순간이었다. 나는 기질 상 모험을 즐기는 성향이 있다. 내 딸은 가끔 내게 이렇게 말한다. "엄마는 평지를 걷는 것보다, 울퉁불퉁한 길을 걷는 것을 즐기는 사람"이라고. "그래 어떻게 알았니. 엄마는 그게 더 익사이팅 하단다". 높은 산 정상에 오르는 사람은 평지에서 훈련하지 않는다고 한다. '그래. 울퉁불퉁한 길을 계속 걸어서 평평한 길을 만들면 내 뒤에 오는 사람이 좀 더 편하겠지.' 나는 그런 사람이 되고 싶었다. '울퉁불퉁한 길을 걸어서 평탄한 길을 만드는 사람', '길 없는 곳에 길을 만드는 사람', '다른 사람에게 길이 되어주는 사람', 나는 꼭 그런 사람이 될 것이다.

만 2년 만에 박사학위 과정을 끝냈다. 최 단기 졸업이라고 했다. 몇몇 사람들은 좀 놀라는 것 같았다. '50대 아줌마가 잘 할 수 있을까?' 라고 생각했는지도 모르겠다. 공부하면서 이것저것 사들인 짐들이 제법 많았다. 쌓여있는 책이 가장 문제였다. 책 욕심이 많은 나는 책을 빌려 보지 않고 계속 구입해서 읽었기 때문이다. 책과 가구들을 후배들, 지인들에게 다 나눠주니, 기분이 좋았다. '주는 것이 받는 것보다 기쁘다' 는 말을 실감했다.

한국행 비행기에 몸을 실었다. 거의 자정에 출발한 비행기는 하루를 지나 새벽시간에 한국에 도착했다. 미국에서의 삶을 세 단어로 표현한다면 은혜, 감사, 축복이다. 3년으로 디자인되어있는 학위과정을 악바리같이 잠 안자고 공부했다. 그래서 약 2년간 졸업 논문까지 모든 과정을 통과했다. 남들이 방학에 여행을 하고 즐기는 동안에도 나는 도서관에 틀어박혀 있었다. 도서관은 내 공부방이었고 안식처였다. 한국마켓에서 김밥을 한 통 구입해서 점심과 저녁으로 때우며 마지막 논문을 썼다. 한국행 비행기 안에 앉아 있으니 만감이 교차했다. 은혜 아니면 할 수 없는 일들, 시간이었다.

배우기에 늦은 나이는 없다. 또한 유학을 떠나기에도 늦은 때는 없다. 교통사고로, 때론 영어가 서툴러서, 미국의 낯선 문화가 익숙지 않아 여러 가지 당황스런 일들도 많이 만났다. 어려운 일들을 하나씩 경험하면서, 극복해 가면서, 그들의 문화를 이해할 수 있었다. 사람이 살아가는데 있어서 나라와 문화는 달라도 정서는 크게 다르지 않다는 것 또한 경험했다. 지구상의 모든 사람들은 생김새는 좀 달라도 모두가 한 가족이다. 여러 나라 사람들과 함께 공부했던 시간들은 좀 더 많

은 사람들을 이해하는데 있어서 건강한 근육을 만들어 주었
다.

　자신의 꿈을 향해 나아갈 때, 나이 또는 환경은 걸림돌이 아
니다. 절실함이 있다면 할 수 있다. 간절히 원하면 이루어진
다. 논문 쓰는 과정이 힘들어서 침대에 엎드려 울기도 했었
다. 슬픔이나 외로움, 또는 힘든 상황은 어린이나 청소년, 성
인 모두가 겪어 나가는 과정이다. 항상 태양만 비추면 사막이
된다고 한다. 오히려 비바람이 치고 해일이 일어날 때 그 속
에서 생물들은 숨을 쉰다고 한다.

　혹시라도 '나는 더 공부하고 싶은데… 유학을 가고 싶은데
너무 늦은 건 아닐까?' 이런 마음을 가지고 주저하는 사람들
이 있다면 나는 말하고 싶다. 가보지 않고 후회하는 것보다
는 가보고 후회하는 편이 훨씬 낫다고. "갈까 말까 할 때는 가
라"라는 말이 있다. 그런데 실제로 떠나보면 후회보다는, 훨
씬 많은 것들을 배운다. 인생은 끊임없는 배움과 도전의 연속
이다. 세상은 '도전하지 않는 자는 경험하지 못하는 신비

의 세계'라고 말하고 싶다. 오늘도 나는 새로운 것에 도전한다. 나는 그런 내가 너무나 좋다. 그리고 새로운 것에 도전하는 당신도 충분히 멋지다.

The best advice is to say···
"Act right now"
(가장 훌륭한 충고는, 지금 당장 시작하라)

성공한 사람의 달력에는

'오늘(Today)' 이라는

단어가 적혀 있고,

실패한 사람의 달력에는

'내일(Tomorrow)' 이란 단어가 적혀 있으며,

성공한 사람의 시계에는

'지금(Now)' 이라는 로고가 찍혀 있고,

실패한 사람의 시계에는

'다음(Next)' 이라는 로고가 찍혀있다 합니다.

'내일' 보다는 '오늘' 을,
'다음' 보다는 '지금' 을
외치는 하루 되십시오.

the best advice is to
say 'Act right now'
(가장 훌륭한 충고는 '지금 당장 시작하라.' 는 것입니다.)

-명언 (좋은 글)에서-

제3장

미국에도
여성 대통령 나온다고?

그리피스천문대 | 미국 첫 여성 대통령 | 황제의 아침식사
가끔 허영부리기 | 만남

1

그리피스
천문대

새벽예배를 마치면 오전 6시쯤 된다.
매일 새벽예배를 마치면 지인과 함께 LA근교에 있는그리피
스 천문대 정상에 올랐다. 새벽부터 많은 사람들이 이곳을 찾
는다. 부모의 유모차를 타고 오는 젖먹이 어린 아기도 있다.
흰머리를 날리며 오르는 어르신들, 유아를 어깨띠에 메고 올
라오는 부지런한 젊은 새댁도 보인다. 가끔 만날 수 있는 싱
그러운 장면도 있다. 근교의 High School 학생들이 단체로 이
른 새벽부터 산에서 체력을 단련하는 모습도 보인다. 탱탱한
스판 추리닝 바지와 하나로 묶은 긴 머리 여학생의 불그스레

한 볼은 유난히 싱그럽게 보인다. 흑인선생님의 구령에 맞춰 천문대 정상에서 체조하는 선남선녀, 고등학생들의 모습은 그 무엇보다도 싱그럽고 아름다웠다. 봄이 되면 온 산이 노란 꽃으로 만발한다. 나와 함께하는 지인은 70을 바라보는 연령인데도 '누죽걸산'(누우면 죽고 걸으면 산다)라는 표어를 스스로 만들어 걸고, 하루라도 그리피스 천문대에 오르지 않으면 몸살이 날 정도로 그리피스 산을 사랑하며 즐겨 오르내린다.

그리피스 공원은 약 4,210에이커로 LA에서 가장 큰 도심공원인 산타모니카 동쪽 자락에 위치해 있다. 해발고도 1,625피트이며, 그 거대한 시설에 입장료가 없다는 것이 큰 특징이다. 그리피스 천문대는 한 개인의 기부로 인해 조성되어졌다고 한다. 그리피스 제이 그리피스라는 사람이 3천 에이커에 달하는 이 지역을 LA City에 기증했다. 그래서 그의 이름을 본 따서 그리피스 천문대라는 이름이 붙여졌다. 그리피스는 1921년 10만 달러라는 거금을 LA City에 기탁하여 천문대 건설을 요청했고 그 결과 천체를 볼 수 있도록 공공천문대가 제작된 것이다. 그리피스는 1919년에 숨을 거두었지만 그의 꿈이 공과대학 연구원들과 엔지니어들에 의해 구현되기 시작하여 1935년에 공식적으로 문을 열게 되었다. 그리피스 재단은 이 시설의 운영과 전권을 LA City에 맡겼다. 멀리 헐리우드의 사인이 보이는 그리피스 천문대는 LA의 명소이다. 천문대 앞 잔디밭에는 제임스딘의 흉상이 있다. 제임스딘이 24세의 나이로 요절하기 전에 자신의 흉상을 기증했다고 한다.

미국 사회는 기부의 사회이다. 잘사는 사람이나 어려운 사람이나 기부문화에 익숙하다. 잘사는 사람만 기부하는 것이 아니다. 학교에서는 수시로 기부금을 모으지만, 거부감 없이 대부분 다함께 동참한다. 어려운 사람들도 마켓에서 음식을 넉넉히 구입하여 푸드 뱅크에 넣고 나오는 것을 심심치 않게 목격한다. 내가 미국에서 공부하는 기간에 큰 감동을 받은 것은 미국의 기부문화이다. 미국에 있는 거리, 건물, 학교, 산, 대학캠퍼스, 연구소, 강의실, 길 이름 등에 사람의 성 또는 이름을 그대로 따서 사용하는 경우를 많이 목격한다. 기부한 사람들에 대한 존중감에서 그들의 이름을 그대로 넣어 이름을 붙인 것이다. 부모가 주택이나 재산을 자녀에게 물려주지 않고 자연스럽게 모든 재산이 나라로 귀속된다. 그리고 여러 사람이 그 수혜를 누리게 된다.

　미국 역사상 가장 큰 부자였다는 록펠러와 그 후손들의 기부는 엄청나다. 앤드루 카네기가 엄청난 재산을 사회에 환원한 소식도 들어본 적이 있다. 2012년 통계에 의하면 세계에서 가장 많은 재산을 보유한 '비영리공익재단' 30개중 20개가 미국에 있다는 것이 이를 반증한다. 세상에서 모은 재물이 단순히 자신과 가족만을 위한 것이 아니라는 개념에서 온전한 기부 문화는 출발한다. 우리는 물질을 맡은 선한 청지기일 뿐이지, 물질의 진정한 주인은 하나님이라는 개념 정립이 우리에게 필요하다.

　2005년 3월 〈월간조선〉 매거진에 나온 글(커트 와이샵트 씨에 관한 글)을 인용하고자 한다.

필자는 1994년 7월, 커트 와이삽트 氏의 80세 생일파티에 초청을 받아서 참석했다. 뉴욕 맨해튼 월돌프 아스토리아 호텔 연회장에서 열린 생일파티에는 1000명에 가까운 그의 친지와 賀客(하객)들이 참석했다. 이 호텔은 한국 대통령들이 뉴욕을 방문할 때마다 묵는 뉴욕의 최고급 호텔이다. 커트는 한겨울에 잠을 잘 때 2층 침실의 난방만 남기고 모든 난방을 꺼버리는 「짠돌이」다. 그런 그가 20만 달러(韓貨 2억2000만원)를 들여 호화로운 생일파티를 벌였다. 당시 커트는 생일파티 초청장에서 이런 제안을 했다. <생일 선물을 가져오지 마십시오. 대신 제가 정기적으로 기부해 오고 있는 60여 개 복지기관에 자선기금을 내주십시오. 여러분이 그날 기부하는 액수만큼 제가 기부를 하겠습니다> 이른바 「매칭 펀드」 방식으로 자선기금을 모으겠다는 얘기였다. 그날 밤 생일파티장은 경매장처럼 흥겨웠다. 참석자들이 낸 기부금 액수가 돈을 받는 기관별로 집계돼 순간순간 전광판에 떴다. 초청을 받은 60여 개 복지기관의 책임자나 이사들은 안면이 있는 이들에게 『오늘 밤 커트를 파산시키자』는 농담을 던지면서 기부를 요청했다. 커트는 파티장을 돌면서 『어이, 지갑 안가지고 왔어?』라며 농담을 던졌다. 기관별로 모금 액수 경쟁이 붙어 지켜보는 재미가 있었다. 흥겨운 파티 분위기 속에 고급 와인이 제공됐고, 흥겨운 춤판이 벌어졌다. 파티가 끝날 무렵 모금액이 공개됐다. 10년 전 일이라 정확한 액수는 기억나지 않는다. 손님들이 60만 달러 이상을 기부했고, 커트가 그 자리에서 그 액수와 똑같은 금액의 수표를 끊어서 자선기관 대표자에게 전달해 총 모금액이 120만 달러(韓貨 13억2000만원) 정도가 됐다. 파티에 1000명이 참석했으니, 1인당 평균 1000달러(韓貨 110만원)를 낸 셈이다. 커트는 고맙다며 이렇게 인사를 했다. 『친구들, 중용을 지켜 주어서 고맙습니다. 여러분들이 정도에 넘치는 기부를 했다면, 내가 오늘 밤 쪽박을 찰 뻔했습니다. 여러분이 오늘 후원한 기관들의 신세를 안 지게 해줘서 고맙습니다.』 커트는 20만 달러의 개인 경비를 썼지만, 창조적이고 재미있는 생일파티 기획으로 120만 달러라는 기부금을 모아 가난한 이웃을 도왔다. 존경하는 선배이자 친구였던 커트는 2004년 7월, 90세 생일을 며칠 앞두고 세상을 떠났다. 月刊朝鮮으로부터 「미국의 기부문화에 대해 글을 써 달라」는 부탁을 받고 제일 먼저 떠오른 것이 커

트였다. 미국 사회가 짧은 역사에도 불구하고, 세계질서를 주
도하는 초강대국이 될 수 있었던 원동력은 무얼까? 다양하
고, 설득력 있는 답들이 있을 수 있겠지만, 나는 지도층의 「노
블레스 오블리주」라고 생각한다. 그것은 간단하다. 지도층이
나라가 戰亂(전란)에 처하면 목숨을 내놓고, 어려운 사람들을
보면 재산을 내놓는 일이다. 기부는 노블레스 오블리주의 대
표적인 행위다. 커트는 평생 번 돈 가운데 4000만 달러(韓貨
440억원)를 기부했다. 그게 그의 전재산일지도 모른다. 노블
레스 오블리주를 하려면 지도층은 근검해야 한다. 호화로운
생활을 즐기고, 자식들의 방종한 생활을 지탱해 주면서 이웃
을 생각할 수 있는 사람은 어디에도 없다. 儀典的(의전적)인
자리가 아니라면, 빌 게이츠 마이크로 소프트 회장이나 조지
W 부시 대통령은 간단한 샌드위치·햄버거를 즐겨 먹는다. 지
도자들이 기름진 음식을 즐기고, 쾌락에 빠지면 그 문명은 쇠
락한다. 그런 점에서 필자는 「팍스 아메리카」 시대가 상당히
길어질 것으로 전망하는 쪽이다.

커트가 건강할 때, 세 명의 자식과 여섯 명의 손자·손녀들

에게는 얼마 정도의 유산을 물려주었는지 물어봤다. 그의 대답은 간단했다. 『대학교 마칠 때까지 들어가는 비용은 다 대주었어요. 이만하면 좋은 아버지와 할아버지 아니야』 그는 죽기 전까지 60여 년간 4000만 달러 이상을 기부했다. 그 돈을 60년에 걸쳐 주식에 투자했으면, 아마 그는 수십억 달러를 가질 수 있었을 것이다. 그러나 커트는 『쌓아 놓은 돈은 생명이 없는 죽은 돈이고, 돈은 생명을 살리기 위해 써야 한다.』고 얘기했다. 그는 왜 자식들에게 돈을 유산으로 물려주지 않았을까? 커트는 이렇게 얘기했다. 『왜 자식들에게 돈을 주지? 자식들에게 돈을 물려주는 건 이 내 자식들을 위해 준비하신 은총에 대한 배반행위야. 이 내게 선물로 주신 자식을 가장 효과적으로 파괴시키는 일이 돈을 물려주는 일이야.』 그는 자신을 구해 준 스페인의 은인을 언급하면서 『우리 부부의 생명을 구해 준 그 양반이 베풀어 준 바를, 다른 이들에게 베푸는 것이 나의 책임』이라고 얘기했다. 근력이 쇠약해진 후에도 그는 꼭 넥타이 차림으로 거실에 앉아서 책을 읽었다. 방문객이 오면 정장 재킷을 갖춰 입었다. 도움을 요청하는 사람이 올 것에 대비해 재킷에 늘 개인 수표와 현금을 넉넉히 넣어 두었다. 베이사이드의 저택에 살 때 그의 집은 너무 추웠다. 기부를 요청하기 위해, 내가 처한 어려운 일을 상의하기 위해 그를 자주 찾았다. 그와 나는 『커트』, 『존(필자의 미국 이름)』이라고 이름을 부를 정도로 가까워졌다. 겨울에 방문했을 때는 코트를 입은 채 이야기를 나눠야 할 정도로 집이 추웠다.   커트는 『2층의 잠자는 방만 약간 따뜻하면 되지, 왜 사용하지도 않는 응접실에 쓸데없이 난방을 하느냐』고 했다. 자기에게는 엄격했지만, 남들에게는 너그러웠다. 자신을 도와주는 간병인, 가정부, 운전기사, 청소부, 정원사들에게 그는 넉넉한 급여와 팁을 챙겨 주었다.

"자식들에게 돈을 물려주는 건, 신이 내 자식들을 위해 준비하신 은총을 배반하는 일이다."

이 말을 읊조리면서 나는 오늘도 그리피스 천문대를 오르내린다. 얼굴도 모르고, 한번 만나보지도 못한 그리피스 씨가 기부한 그 물질의 수혜를 흠뻑 누리면서 말이다.

2

미국 첫
여성 대통령

"제 장래 희망은 미국 대통령이에요."
라며 당차게 말하며 강연하는 Jasmin에게 나는 흠뻑 빠졌다.
한국에서는 요즘 대통령이 되고 싶다는 꿈을 말하는 아이들
이 별로 없다고 한다. 아이비리그 대학 몇 곳에서 전액장학
생(등록금 및 생활비 포함)대학원생으로 선발되어 어느 대학원
에 진학해야 할지 행복한 고민에 빠져있는 자스민박 양을 만
났다. 자랑스런 한국학생이어서 한국 라디오코리아방송사에
서 그녀를 초청하여 강연이 열렸다. 지인의 조카이기도 한 자
스민의 강연에 초대되어 가벼운 마음으로 참석했다. 그런데

자식뻘 나이밖에 되지 않은 여학생의 강연에 감동 받을 줄은 나도 미처 몰랐다. 강연장은 어린자녀와 청소년, 자녀들 손을 잡고 나온 부모들로 가득 찼다. 강연을 마치고 질의응답 시간도 가졌다. 강연을 듣는 도중 나는 내용을 하나도 놓치기가 아까워 스마트 폰을 꺼내 메모하기 시작했다.

자스민 양은 부모를 따라 미국에 거주하게 된 여학생이다. 대부분의 한국인은 미국에 입국하면, 한국에서의 좋았던 직업과 명문대 학벌이 별 쓸모없다는 것을 금방 깨달을 수 있다. 미국에서는 쓰레기를 치우는 직업인의 연봉이 거의 일억이 넘는다는 이야기를 들은 적이 있다. 좋은 학벌이 수입과 비례하지 않으며, 직업의 빈부귀천이 없다는 것을 쉽게 알 수 있다. 실용적인 사회에서는 삶에 도움을 주는 기술만이 유효하다. 미국 사회는 부모가 아무리 부자라도 고등학교를 졸업하면 자신이 스스로 벌어서 생활을 하는 학생들이 대부분이다. 대학 학비는 스스로 벌거나, 여의치 않으면 대학 학자금 대출을 받아 공부하고, 그 후 평생 갚아 나가는 것을 볼 수 있다. 부모들은 모은 돈을 좋은 곳에 기부할망정 자식들에게 턱 턱 주지 않는 문화이다. 결혼을 할 때도 결혼청첩장부터 모든 살림살이 도구, 집을 얻는 모든 일들을 당사자들이 직접 준비한다. 한국에서 간혹 아들이 결혼을 할 때 집을 마련해 주고, 딸이 결혼할 땐 혼수를 준비하는데 큰돈이 들어간다는 이야기를 듣는다. 그런데 미국은 철저히 자신이 준비하고 자신의 일을 책임지는 문화이다.

자스민 양은 대 여섯 살 때부터 부모를 따라서 홈리스들에게 햄버거를 만들어주는 봉사를 했다. "후배들 또는 어린 학생들에게 무엇을 강조하고 싶냐?"는 질문에 이렇게 대답했다. 세 가지를 강조하고 싶은데, 첫째는 독서(read), 둘째는 여행(travel), 셋째는 많은 사람들과의 대화(talk to people)라고 대답했다. 그리고 "실패할 기회를 주지 않으면 용기를 배울 수 없어요"라고 대답했다. "젊어서 하는 고생은 사서도 한다."는 이야기를 부모님을 통해서 많이 들었다고 한다.

친구들과 여행을 떠났을 때 독일을 방문하게 되었는데, "아는 만큼 보인다."라는 말을 실감했다고 한다. 그냥 여행을 떠난 친구들과, '가우디건축양식'에 대한 공부를 하고 떠난 자신과는 '여행의 질'에 있어서 너무도 큰 차이가 있었다고 한다. 그냥 사진만 찍고 돌아서는 친구들에 반해 자신은 독일의 건물 하나하나를 보면서 가우디건축양식을 확인할 수 있었다고 하며, 아는 만큼 보이더라는 이야기를 했다.

"실패보다는 도전이 중요한 것 같습니다."라고 말하는 자스민 양의 눈동자에선 빛이 났다. 자신은 캄보디아 평화봉사단으로 약 2년간 봉사활동을 떠난 적이 있다고 했다. 열악한 환경의 나라로 봉사활동을 떠나는 여식을 부모님들이 허락해 주는 것이 쉽지 않았을 것이다. 후에 신문사의 인터뷰를 통해 자스민 양 어머니의 심정을 들어 볼 수 있었다. "뜬금없이 후진국에 봉사활동을 떠난다는 딸을 쉽게 허락할 부모가 어디 있겠어요?" 그러나 너무도 확고부동한 딸의 소신에 부모가 이길 수 없었다고 했다. "내 딸의 인생의 주인은 부모가 아니라는 것을 고백하고 철저히 내려놓을 때 딸이 캄보디아로 떠나는 것을 허락하는 것이 가능했습니다"라고 그의 부모님은 고백했다.

자스민 양은 2년간 홀로 캄보디아로 봉사활동을 떠나 학교에서 영어를 가르치는 일을 했다. 그런데 그 학교가 너무나 열악하여 화장실 시설이 제대로 갖추어져 있지 않았다. 아이들이 쉬는 시간이 되면 집으로 각각 화장실을 다녀오는 것이 너무도 안타까웠다. 이 사실을 부모, 친지들에게 알리고, 모교에 부탁하여 펀드라이징을 시작했다. 그래서 이 의미 있는 일에 동참하겠다는 사람들의 후원금이 모아졌고, 자스민 양의 지도 하에 남자, 여자 화장실이 학교에 만들어졌다. 아이들은 이제 화장실 때문에 집에 오고가지 않아도 되었다. 그때 지어진 화장실을 사진으로 찍어서 영상으로 보여 주는 순간 내 눈시울이 붉어졌다. 기뻐하는 캄보디아 학생들의 해맑은 모습과, 이를 실행하기 위해 고국의 학교와 친지들에게 요청하며 여러 가지로 수고한 자스민의 얼굴이 오버랩 되었다. 자스민 양이 한국인이라는 것이 이렇게 자랑스러울 수가 없었다.

자스민은 리더십에 대한 질문을 받고 이렇게 답했다. "리더십은 책임감입니다. 쓰레기는 보는 자가 주워야 합니다. 리더는 혼자 걸어가는 사람이 아닙니다. 리더는 함께 데리고 나가는 사람입니다. 리더십은 Stewardship(청지기, 종)이죠. 섬기는 자가 리더입니다."

그리고 자스민은 화면에 이런 단어들을 띄웠다.

Vision(꿈), Growing up(성장), Humility(겸손)

어리광이나 부릴 나이에 홈리스들을 위한 햄버거를 만들어 그들을 향해 손을 내밀던 고사리 손은, 결국 캄보디아에 화장실을 지어주었다. 그리고 이제 더 공부하면서 자신은 '어떻게 인류를 섬길 것인가'를 고민한다고 자스민박은 말했다. 그의 확신에 찬 음성 때문에 나는 그날 너무 행복했다. 이 세상에서 가장 가치 있는 일은 '사람을 키우는 일'이다. 더 많은 사람들을 섬기고 싶다는 꿈을 밝히는 자스민은 평화봉사단 활동을 통해 지금도 봉사하는 일에 최선을 다한다.

자식을 잘 키우려면 끌어안는 것이 아니라 내 보내야 한다. 지금도 자스민박의 얼굴이 큰 바위 얼굴처럼 내 기억에 남아 있다. 미국은 몇 해 전 여성 대통령 후보까지는 나왔지만, 아직 여성 대통령은 선출되지 않고 있다.

훗날 미국 신문에서 미국 첫 여성 대통령의 기사가 나왔을 때, 그 이름이 자스민박이기를 나는 간절히 소망해 본다.

3

황제의
아침 식사

　　　　　　　일주일에 한 번 나는 황제가 된다. '황
제의 아침 식사'를 하기 때문이다. 아무래도 유학생이다 보
니 거창한 아침 식사를 차려 먹는 것이 쉽지 않아 늘 간단하
게 식사를 한다. 그런데 일주일에 한 번, 함께하는 이 식사를
나는 '황제의 아침 식사'라고 이름 지었다. 홀로 유학 와 있
는 늦깎이 유학생에게 있어서 일주일에 한 번 함께하는 이 식
탁은 참으로 풍성했다. 신선한 과일, 요거트, 오트밀, 커피, 샌
드위치, 낫또 등.

일 년여 넘게 함께 식사를 하다 보니 이젠 한 가족이나 다름 없다. 주방 서랍 어디에 숟가락이 있고, 어디에 접시가 있는지 훤히 알고 있다. 이 아침 식사에 가면 모두가 잡(job)이 생긴다. 권사님은 메인 쉐프, 남편 분은 바리스타, 나는 식탁 세팅 담당. 나는 수저, 포크를 놓고, 테이블을 세팅하는 역할을 한다. 친하게 지내는 권사님께서 홀로 와 있는 나를 위해 사랑으로 베풀어 주던 아침 식사이다.

　홀로 와있는 늦깎이 유학생을 배려하는 이 식탁의 교제는 내 향수병을 치료해 주는 역할을 했다. 모두가 즐거워하는 크리스마스 때 혹시라도 외로울까봐 시간을 할애하여 함께 동행해 주셨던 그 사랑과 은혜는 오랜 시간 내 기억 속에 남아 있다.
　인생을 살면서 우린 서로 많은 도움을 주고받지만, 유독 힘들고 외로울 때 잡아준 따뜻한 사랑의 손길은 그 고마움과 감사가 오랫동안 기억 속에서 잊혀지지 않는다.

　예수님도 공생애 기간 동안 식탁의 교제를 즐겨하셨다. 예수님 '최초의 기적' 사건도 가나의 혼인 잔치 집 식사 자리에서 이루어졌다. 예수님은 갈릴리 바다 해변에서 떡과 구운 생선을 제자들에게 먹이시며 식탁 교제를 하셨다. 그 때 제자들에게 다시 한 번 사명을 일깨워 주셨다. 예수님은 죄인들과도 함께 식탁의 교제를 나누셨다. 함께 식사를 한다는 것은 하나 됨이요, 한 가족 됨이다. 내가 섬겼던 교회에서는 일 년간 제자훈련을 할 때 목회자와 신도들이 매주 수업을 마치면 식탁의 교제를 나눈다. 거의 일 년 간 매주일 함께 식사를 하면서 교역자와 성도가 한 가족처럼 친숙해진다. 이 식탁의 교제 시간은 서로 간의 신앙적 가치관과 성격, 은사 등을 파악하는 의미 있는 시간이 된다.

간혹 교회 신도들 중에 "나는 밥밖에 할 줄 아는 게 없어요."라고 말하며 주방에서 봉사하는 일을 매우 작은 일로 생각하는 신도들도 있다. 그렇지 않다. 밥은 생명과 연관된다. 교회에서 목회자가 성경말씀을 전하는 것이 영적 생명을 주는 일이라면, 교회 주방에서 신도들에게 밥을 지어 봉사하는 것은 육의 생명을 주는 일이다. 영과 육이 함께 건강해야 건강한 사람이라 할 수 있다. 그래서 모두가 소중한 사역이다. 가정에서 어머니가 정성껏 지은 밥은 자녀를 건강하게 한다. 어머니는 생명을 전하고 있는 것이다. 우리가 누군가를 먹이고 있다면 그것은 생명을 주는 행위이다.

「가족 식사의 힘」(The Surprising Power of Family Meals)이라는 저서에서 미리엄 와인스타인은 말한다. "저녁 식탁은 아이들이 정기적으로 부모에게 다가가고 편안한 분위기에서 관심을 얻을 수 있는 확실한 장소이다. 가족이 함께하는 저녁 식사 시간이 만병통치약은 아니지만 비교적 고통 없는 치료제인 것은 분명해 보인다"고 말했다.

스페인에 사는 중년의 아버지인 에두아르도는 그의 부모님을 회상하며 이런 말을 했다. "내가 부모님과 함께 살았을 때는 열한 명이나 되는 사람들이 매일 한자리에 모여 식사를 했죠. 아버지는 점심 때에도 집에 와서 가족과 식사를 하려고 무척 애를 쓰셨어요. 어느 면으로 보나 가족이 함께하는 식사는 특별한 시간이었죠. 우리는 가족 성원 개개인에게 무슨 일이 있는지 속속들이 알 수 있었어요. 유쾌한 대화를 나누며 웃을 때가 자주 있었습니다. 그런 흐뭇한 기억들을 떠올리면서 나도 아버지를 본받아야겠다고 다짐했죠." 가족이 함께 식사를 하면 자녀들이 더 균형 잡히고 건강한 생활을 할 수 있다는 통계가 있다. 미국 컬럼비아 대학교의 국립 중독 및 물질 남용 방지 센터 연구에 의하면, 일주일에 다섯 차례 정도 가족과 함께 식사하는 청소년들은 걱정, 지루함, 흥미 부족 등과 관련된 문제를 덜 겪으며 학교 성적도 더 좋다는 통계가 있다.

로버트 퍼트넘은 「나 홀로 볼링」(Bowling Alone)이라는 책에서 "한 세대가 흐르는 사이에 '저녁 식사'가 눈에 띄게 줄어들고 있는 것은, 우리 사회의 결속 양상이 얼마나 빠르게 변화하고 있는지에 대한 두드러진 증거"라고 말했다. 이런 현상을 초래한 요인은 일단은 맞벌이 부부가 늘어났기 때문이다. 또한 혼자서 자녀를 키우는 부모들은 대개 경제적 상황이 취약하기에 시간을 내기가 쉽지 않다. 오늘날 생활 패턴이 빠르게 진행되기에 패스트푸드로 끼니를 때우거나 급하게 식사를 마치는 사람들도 많이 있다. 성인들뿐만 아니라 어린이들도 방과 후 활동 등으로 할 일이 많아졌기 때문에 온 가족이 함께 저녁 식사를 하는 것이 용이하지 않다. 가족 구성원과 함께 식사를 하는 것은 정서적인 안정에 많은 도움이 된다. 노인을 연구한 한 기관의 조사에 의하면, 노인이 가족과 따로 식사를 하는 경우 스트레스, 우울증, 자살사고 정도가 모두 증가하는 경향을 보였다. 또한 일상생활에서의 삶의 질도 떨어지는 경향을 보였다. 그러나 가족과 함께 식사하는 가정의 노인은, 스트레스 및 우울한 감정 등이 감소되고 정서적으로 안정된다는 통계가 나왔다.

미국 작가인 로리콜윈은 먹는 것의 중요성에 대해 이렇게 말했다. "인생이 항상 매혹과 온정과 평안으로 충만한 것은 아니며 때로는 슬픔과 눈물로 가득하다. 그러나 인생의 행, 불행과는 상관없이, 우리는 먹어야 한다. 행복한 자나 불행한 자들 모두 훌륭한 식사를 통해 삶의 원기를 회복할 수 있다." 가정은 지극히 아름다운 교회이다. 청교도들은 식탁에서 말씀을 한 구절 읽어주며 함께 식사를 한다. 자녀들에 대한 신앙교육이 식탁의 교제 속에서 이루어지는 것이다. 그들은 식사의 자리에서 부모와 함께 대화한다. 또한 부모는 기독교 교리를 한 가지씩이라도 가르친 후에야 식사한다. 그것이 바로 가정예배이다.

먹는 것은 생명과 직결된다. 영의 양식도 중요하지만, 육의 양식도 그에 못지않게 중요하다. 한 끼의 소중함을 늘 묵상해야 하는 유학생에겐 더더욱 그렇다. 나는 오늘도 황제의 아침 식사가 너무 그립다. 오늘 우리에게 밥 한 끼 함께할 수 있는 누군가가 있다면 충분히 행복한 거다. 오늘은 나도 누군가를 불러서 밥 한 끼 먹여야겠다. '밥 한 끼 해요' 노래 가사를 읊조려 본다.

나와 함께 밥 한 끼 해요
화창한 날씨도 참 좋아
그대와 함께 먹는 무엇이라도
정말 내 입에 딱이에요.

4

가끔 허영 부리기
(self 동기부여)

내가 아는 지인 중에 매우 검소한 생활 습관을 가진 사람이 있다. 그는 교육계에 종사하며 평소엔 매우 검소하지만, 가끔 허영을 부릴 때가 있다. 외국에 출장을 갈 때, 특정한 나라를 방문할 땐 반드시 비즈니스 석을 탄다는 것이다. 그 이유는, 열심히 일한 자신에게 포상을 하기 위함이라 한다. Self 동기부여를 하는 것이다.

사람들은 대부분 칭찬 듣고 싶어하고 인정받고 싶어한다. 한때 「칭찬은 고래도 춤추게 한다」는 책이 베스트셀러가 되기도 했다. 그런데 외부로부터 오는 칭찬은 실제로 오래 가지 못한다. 자신의 마음에 가득한 만족함으로 다가오지 못할 수도 있다. 나는 더 칭찬 받고 싶은데, 상대가 느끼는 감동이 그 만큼 따라 오지 못할 때도 있다는 것이다. 본인 스스로에서 창출되는 칭찬이 진정한 칭찬이다. 내가 왜 칭찬받아야 하는지, 얼마만큼의 칭찬이 내 마음을 흡족하게 하는지 가장 잘 아는 사람은 본인 자신이다.

'허영'이라는 말의 뜻을 사전에서 찾아보면 '자기 분수에 넘치는 외관상의 영화(榮華) 또는 필요 이상의 겉치레'라고 설명되어 있다. 허영이 약간은 부정적인 뜻으로 사용되기도 한다. 그러나 나는 이 허영을 가끔 사용해 볼 것을 제안한다. 미국에서 공부하는 동안 나는 밤을 새워가며 페이퍼를 작성하여 제출하기도 했다. 그렇게 수고한 다음날이 되면 나는 어김없이 쇼핑을 하러 나갔다. 그동안 처박혀 공부하느라고 수고한 나를 포상하기 위해서였다. 예쁜 신발 또는 그동안 사고 싶었던 옷이 있으면 나는 과감하게 구매하여 나 자신에게 선물했다. 그동안 수고하고 애쓴 나를 격려하기 위해서였다. 내게 옷을 사서 선물하는 나 자신도 기쁘고 그 옷과 신발을 선물 받는 나 자신도 너무 행복했다.

예전에 6천 원짜리 점심을 먹고 4천 원짜리 커피를 먹은 적이 있다. 밥값의 거의 70프로를 차지하는 커피지만, 때로는 이런 허영이 살아가면서 필요하다고 생각한다. 자신을 격려할 줄 모르는 사람은 남을 격려할 수 없다. 어쩌다 부리는 허영에 손가락질 하지 말자. 열심히 일하고 라면이나 김밥으로 끼니를 때울 때도 감사함을 잃지 않고, 때로는 황제처럼 우아하게 품위 있는 레스토랑도 이용할 줄 아는 인생이 되어야 한다. 때론 비싼 옷을 입고 때론 비싼 식사를 즐길 줄도 알아야 한다. 가끔 부리는 허영이 우리를 즐겁게 하기 때문이다.

윌리엄 버클레이의 말을 기억하자. "인간 최상의 의무 중의 하나는 격려의 의무입니다. 다른 사람의 정열에 찬물을 끼얹기는 쉽습니다. 다른 사람을 절망시키기는 훨씬 쉽습니다. 이 세계는 다른 사람을 좌절시키는 사람들로 가득합니다. 그러나 우리는 서로 격려해야 할 그리스도인으로서의 의무를 가지고 있습니다."

다른 사람을 격려하기 이전에 스스로를 격려하자. 나 자신을 사랑하지 못하면 이웃을 사랑하기 어렵다. 마종기 시인의 〈몇 개의 허영〉이란 시를 적어본다.

몇 개의 허영

마종기

외국에 십 년도 넘게 살면서
향기도 방향도 없는 바람만 만나다 보면
헐값의 허영은 몇 개쯤 생길 수 있지.

호박 잎 쌈을 싸먹고 싶다.
익은 호박 잎 잔털 끝에
목구멍이 칼칼해지도록
목포 앞바다의 생 낙지도
동해의 팔팔한 물오징어도

배가 부르면 마라톤도 뛰고 싶다.
6.25전이었기는 하지만 매일 저녁 맨발로 뛰던
우물집 세천이와 생선가게 광수랑 같이

창경원, 돈화문, 종로삼가, 사가, 오가
숨이 차서 돌아오던 혜화동 로터리쯤

이제 그런 세월이 아니라면
산보라도 하고 싶다.
유난히 이쁜 계집애 많던 명륜동 뒷골목을
아침이나 저녁이나 비슷하게 끓던 골목,
팍팍한 그 된장찌개도 먹고 싶다.

이제 알 듯도 하다.
돌아가신 선친이 다 던지고 귀국하신 뒤
아쉬움 속에서도 즐기시던 당신의 가난을,
가난 속에서 알뜰히 즐기시던 몇 개의 허영을.

5

만남

나의 목사 안수 식에 와서 축하를 해 준 하객들 중 새 가족이 있었다. 사역하던 교회에 새 가족으로 등록한 집사님이다. 교회에서 만난 건 그리 긴 시간이 되지 않는다. 우린 그리 긴 시간을 교제하지는 않았지만 뭔가 처음부터 서로에게 호감을 가졌었다. 목사 안수 이후 첫 외부 설교를 하러 갔을 때도 그녀는 동행해 주었다. 긴 시간임에도 불구하고 설교영상을 찍어주며 설교에 대한 피드백을 아끼지 않았다. 그 이후에도 설교 사역을 갈 때마다 동행해 주었던 고마운 집사님이다. 그 이후 친하게 지내며 이야기를 나누다 보니, 집사님은 인정받는 여성 리더로서 많은 사람들에게 영향력을 끼쳤던 사람이었다. 자신이 여성 리더로서 성공을 경험해 보았고 여성 리더로서 어려움도 겪어보았기에 여성 목사로서 새로운 사역을 시작하는 나를 격려해 주고 싶었던 것 같다.

"동성상응, 동기상구(同聲相應 同氣相求)"라는 말이 있다.
'동성상응 동기상구'는 "같은 소리끼리 서로 응하고 같은 기운끼리 서로 구한다."는 뜻이다. 기운이 같고 관심이 같은 부류는 서로 모이고자 하는 성질이 있다. 그리고 서로에게 도움을 줄 수 있어 시너지를 높일 수 있다는 뜻이다. 집사님과의 만남이 잦아지고 대화가 깊어질수록 우린 서로에게 매우 비슷한 기질과 성품이 있음을 서로가 감지했다.

마지막 논문을 쓰기 직전에 나는 교회 사역을 그만 두었다. 사역하던 교회가 아직까지 여성 목사를 허용하지 않는 교단에 소속된 교회였다. 그래서 목사안수를 받은 후 일정기간의 사역을 한 후 사임하는 것으로 서로 간에 협의가 되었다. 나는 남은 기간 동안 최선을 다해 교회를 섬겼고 마지막 주일을 맞아 사랑하는 성도들의 축복 속에서 교회를 사임했다. 그리고 졸업논문을 쓰는 데만 집중하게 되었다.

집사님은 나의 새로운 길을 축복하는 파티를 미리 그 날짜에 맞춰 준비해 놓았다. 지인과 함께 멋진 레스토랑에서 저녁 식사와 함께 새로운 길을 걸어갈 나를 축복하고 축하해 주는 파티였다. 그날 너무나 아름답고 행복한 시간을 보냈었다. 그날 나는 너무나 감격해서 마치 세상을 다 가진 기분이었다. 집사님은 교회를 사임하는 내 모습을 못내 안타까워하면서 교회 홈페이지에 글을 올렸다.

이 세상에서 귀한 복 중의 하나가 '만남의 복'이다. 귀한 만남은 우리의 삶을 신명나게 한다. 좋은 친구와 함께 커피 한 잔 앞에 놓고 시간 가는 줄 모르고 이야기를 나눌 때, 쌓인 스트레스가 사라진다. 맘에 맞는 사람과의 수다는 마음의 병을 치료하는 좋은 약이 된다. '좋은 만남'은 험한 인생길을 가는 동안 주님이 허락해 주신 놀라운 선물이라는 생각을 한다. 아름다운 집사님과의 만남을 감사하며, 그의 글을 여기에 소개하고 싶다.

내가 나성 제일 교회에서 막 새 신자가 되어 열심히 창세기 공부를 하던 어느 주일, 새 신자 교실의 내 옆자리에는 아주 듬직하게 생긴 젊은 청년이 앉아 있었다.

직장에서 후배 대리들이나 과장들과 친숙한 터이라, 나는 내 옆에 앉아있는 청년에게 자연스럽게 먼저 이야기를 시작하면서, 어떻게 우리 교회에 왔는지, 무슨 일을 하는지, 또한 서로의 인생관에 대해서 짧게 얘기를 나누게 되었다. 점심 식사가 거의 끝나가면서, 나는 이 청년이 음악을 전공하고, 독일에서 겨울방학을 이용해 엄마를 보러 교회에 왔다는 것을 알게 되었다.

젊은 시절, 작곡가가 꿈이었던 나는, 음악을 전공하는 사람들을 만나게 되면, 그들의 열정에 존경심을 갖게 되고 나와 감성이 100% 통할 것이라는 신뢰가 있다.
나는 이 갸륵한 청년의 어머님이 너무 궁금하여서, "그럼 어머님이 이 교회를 다니신다는 거군요, 어머님 좀 소개 시켜주세요."라고 서둘러 재촉했다.

"저의 어머님이세요." 소개 받은 청년의 어머님은 얼굴이 하얗고, 항상 밝게 웃으시며, 내게 항상 친절한 이연주 전도사님이었다.

아!!! 역시… 자식을 보면 부모님을 안다 그랬던가? 아님 부모님을 보면 자식을 안다 그랬던가?

주일 아침이면 우리 모두에게 항상 반가이 맞아주신 아름다운 사역자!!!

나보다는 인생 후배이지만, 새 신자로서 부족한 나의 신앙생활을 잘 도와주시고, 하나님의 사랑을 철저히 실천하는 이연주 전도사님이 목사 안수를 받게 됐다는 소식을 접했다. 여자목사의 안수식이 무엇을 의미하는지 정확히 모르지만, 7월 14일 이연주 목사의 안수식에 참여하여 무조건 축하해주고 싶었다. 내게는 여자목회자의 존재가 참으로 신선하게 느껴질 뿐이었다.

우리 교회에서도 담임목사께서 이연주 목사의 안수를 발표해 주셨고, 우리 성도들은 진심으로 이연주 목사를 축하해 주었다.

목사 안수식 이후의 첫 번째 외부 사역에 참석하여, 이 연주 목사의 설교를 들을 수 있는 기회가 있었는데 설교제목은 '친구'였다. 참석자들 중에는 장애인들도 있었고, 진정한 친구에 대하여, 예배에 참여한 우리들에게 시종일관 평소에 보여준 자연스런 미소와 진솔한 본인의 경험들, 우리에게 부담스럽지 않은 질문도 중간 중간하여, 100% 설교에 집중할 수 있도록 재미있는 설교를 해주었다.

가장 최근에는 8주간의 〈성경 파노라마〉 성경 강의를 통해 전화에 "성경 목록가"를 저장해놓고, 우리들이 재밌게 따라 부르고 쉽게 외울 수 있게 시청각 교육의 재미도 톡톡히 보여주었다. 마지막 수업은 〈야고보서〉로 "믿음은 행함이다"를 말씀해 주면서, 참된 신자의 삶을 살아가도록 돕는 구체적이고 실천적인 교훈들을 소개 해주었다.

내가 만난 그 늠름한 음악학도 청년의 어머니이며, 나

의 친구이며, 여성 목회자가 된 이연주 목사는 우리 나
성 제일 교회에서 11월 마지막 주까지 사역한다고 한
다. 앞으로의 계획은 잠깐의 휴식을 취하고 내년 2월말
까지 박사 학위를 마치는 것이라고 하였다.

우리 인간은 만나면 헤어지고, 헤어지면 섭섭하고, 그
러나 만날 사람은 반드시 어디선가 다시 만나게 되어있
다. 그것이 우리의 인생여정이 아닌가 싶다.

나는 최근 국민일보에서
내가 20년 전에 살던 시카고 인근의 백인 부촌인 South
Barrington(사우스 베링톤)에 위치한 미국 윌로우 크릭
교회에서 40대 여성 헤더 라슨 목사를 교회전체 행정
을 총괄하는 수석목사로, 30대 스티브 카터 목사를 설
교 목사로 임명했다는 기사를 읽었다. 미국 대형 교회
에서 여성 목사를 리더로 세운 것이 사실상 처음이라고
한다. 이 결정이 하나의 역사적 사건으로 평가 하는 교
계 반응을 소개하는 글도 읽었다.

우리 한국교회도 여성 목사 리더가 많이 있는 것으로 알고 있다. 하나님에 대한 정체성과 사명감을 실천하는 이연주 목사는 분명히 한국교회에서 중요한 역할을 할 것이라는 확신이 있다.

오래 전 이연주 목사가 내게 인용해준 성경구절을 다 함께 공유하고 싶다.

신명기 1장 33절의 말씀
"그는 너희보다 먼저 그 길을 가시며 장막 칠 곳을 찾으시고 밤에는 불로, 낮에는 구름으로 너희가 갈 길을 지시하신 자이시니라."

이연주 목사님,
사랑합니다.

신○○

제4장

하프타임은
골든 타임

하프타임 | 캐나다 23대 총리 | 마인드셋
가르쳐야 내 것이 되는 지식 | 이벤트의 여왕

1

하프타임
내 인생의 후반전

　　하프타임(Half-time)의 뜻을 사전에서
찾아보았다. 하프타임(Half-time)의 뜻은 축구, 농구, 럭비, 미
식축구 등의 시간제 경기에서 전반과 후반 사이에 있는 휴식
시간과 같은 시간을 말한다. 하프타임은 멋진 후반전을 준비
하기 위한 작전타임이다.

　　『마흔 이후에 성공한 사람들』 책에 나오는 주디 조지는 자
신의 일에서 실패라는 것을 인정하지 않는 사람이었다. "나
는 일이 잘못 될 때도 그걸 기회로 봅니다." 라고 말했던 그녀

는 나이를 상관하지 않았다. 나이가 방해가 되기보다는 오히려 그 때까지의 경험이 오히려 도움이 되었다고 말하면서 그녀는 자신의 인생을 디자인했다. 전반부 인생을 야무지게 디자인하는 것은 매우 중요하다. 하지만 전반부 못지않게 후반부 인생을 디자인해야 하는 시대가 열렸다. 하프타임은 새로운 시작이다. 코코샤넬이 이런 말을 했다. "마흔이 넘으면 그 누구도 젊지 않다. 하지만 나이와 상관없이 거부할 수 없을 만큼 매력적일 수 있다"

  김형석 교수는 그의 강연을 통해, 인생 중에서 계란 노른자 나이는 60-75세 라고 했다. 그는 인생은 60대 이후 성공할 확률이 높다고 주장 했다. 80대쯤 어떤 인생이 될 것인가? 를 생각하고 존경받는 지도자가 되려면 50 즈음에 생각하며 스스로 자신을 키워나가야 한다고 주장했다. 65세의 나이에 KFC를 창립한 커널 할렌드 샌더스가 이를 반증한다. 제 2의 인생을 통해 성공한 그는 현재 세상을 떠났지만, 오늘날 KFC 매장은 13,000개가 넘는다.

마흔이 넘은 나이에 나도 다시 신학공부를 시작했다. 평생 지켜온 신앙을, 신학교를 통해서 이론으로 다시 정립하는 과정은 너무도 신선하고 익사이팅 했다. 하나님은 관념적인 분이 아니다. 신학지식으로 규명할 수 있는 분이다. 조직신학을 통해 그분의 속성을 배워나가는 것이 행복했다. 신학 수업을 마치고 강의실 계단을 내려올 때면 나는 너무나 행복해서 가슴이 벅차 터질 것 만 같았다. 신학생도가 된 것이 마냥 행복했다.

나의 어릴 적 꿈은 피아니스트였다. 나는 음악을 좋아했다. 중학교 때 친한 친구네 집에 가면 피아노가 있었다. 친구는 내게 '젓가락행진곡'을 가르쳐 주었다. 두 사람이 함께 연주하는 곡인데, 나는 늘 왼쪽에 앉아서 박자 맞추는 역할을 했다. 친구는 피아노를 잘 쳤기 때문에 기교 있는 우측 파트를 맡곤 했었다. 직장에 들어가자마자 나는 12개월 할부로 검정색 대형 피아노를 구입했다. 직장에 출근하기 전에 새벽시간을 활용해 피아노 학원에서 레슨을 받았다. 새벽에 피아노학원에 가서 레슨을 받고, 직장에 출근하여 근무를 한 후 퇴근하여 집에 오면, 피아노 연습을 했다. 옆방에 사는 사람들이 시끄러워 싫은 내색을 하노라면 소리를 줄여가면서 숨죽여 연습을 했다.

나는 언젠간 꼭 피아니스트가 되고 싶었다. 개척교회를 다닐 때였다. 갑자기 반주자 이동이 생겨서 반주자 자리가 비게 되었다. 그때부터 나는 서투른 솜씨로 교회반주를 하게 되었다. 그렇게 시작한 반주를 8년간 계속 했었다. 그 이후 세월이 흘렀고 나는 늦게라도 피아니스트가 되기를 원했다. 그러나 번번이 그 길은 열리지 않았다. 오랜 세월이 지난 후 나는 신학을 공부하고 사역자로서 교회를 섬기게 되었다. 부득이한 일로 반주자가 결석을 하거나 반주를 못할 상황이 생기면 나는 내심 너무나 기뻤다. 피아노 앞에만 앉으면 난 너무도 행복한 한 마리 새가 된 듯 했다.

그런데 어느 날 내 맘 속에 주님이 말씀하시는 것 같았다. "너 내게만 피아니스트가 되면 안 되겠니? 많은 사람 앞에서 말고, 오직 하나님만을 위한 피아니스트… 네 주님…" 나는 이제 피아니스트가 되고 싶지 않다. 나는 이미 하나님 앞에 피아니스트가 되었으니까… 그리고 지금 나는 목사가 되었다.

피아노는 노래하는 사람들을 돕는 역할을 한다. 음을 정확하게 잡아주어 그 소리로 노래를 할 수 있도록 돕는 것이다. 목사는 신도들을 돕는 역할을 한다. 신도들이 하나님을 더 잘 섬길 수 있도록 옆에서 조력자 역할을 한다. 하나님의 마음을 설명해 주고, 하나님의 뜻을 알려주고, 그 마음 밖으로 벗어나지 않도록 돕는 역할을 한다. 피아니스트 역할과 목사의 역할이 크게 다르지 않다는 생각이 들었다. 여러 음이 화음을 내며 아름다운 선율을 만들어내듯, 여러 신도들이 하모니를 이루어 교회를 섬기도록 돕는 역할이 나의 역할이기 때문이다.

"나는 나이가 많아서 아무 쓸모가 없어요."라고 노(老) 권사님이 어느 날 말할 때, 나는 바로 반론을 제기하였다. 예배에 참여하는 것 자체가 하나님이 가장 기뻐하시는 일이고 그것이 진정한 하나님의 일이라고 말씀드렸다. 묵묵히 자신의 자리를 지키며 예배에 최선을 다하는 신도들이 너무나 귀하다. 그분들이 있어서 교회는 존재한다. 물론 교회 대소사를 처리하는 열심 있는 신도들도 당연히 보배로운 일꾼이다. 그러나 성전을 떠나지 않고 눈물로 기도하던 한나처럼, 자신의 자리를 묵묵히 지키며 기도하는 한 사람, 예배의 자리에 성실히 참여하는 그 한 사람, 천국은 바로 그분들의 것이라고 생각한다.

나는 어린 시절부터 전도지를 들고 전도하러 다녔다. 전도하는 것이 너무나 재미있었다. 한번은 노신사가 내 머리를 쓰다듬으며 칭찬해 주었다. 어린아이가 전도를 하니 기특했던 모양이다. 그 시절부터 내게는 하나님의 부르심이 있었던 것 같다. 그것을 빨리 깨닫지 못해서 뒤 늦게 신학을 공부했고, 여기까지 왔다. 나는 세 가지를 소유한 목사가 되게 해달라고 기도한다. 첫째는 기도를 많이 하는 목사, 둘째는 행복한 목사, 셋째는 잘 웃는 목사가 되고 싶다.

하나님 안에서의 행복을 성도들과 나누고 싶다. 잘 웃고 싶다. 우리를 너무 사랑해서 그저 빙그레 웃으시는 하나님 아버지의 마음을 사람들에게 전하고 싶다. 나에게는 두 아이가 있는데, 그들을 바라보기만 해도, 아니 그들을 생각만 해도 너무나 기뻐서 빙그레 웃음이 나온다. 하나님 아버지도 그렇다. 우리를 보면 너무 좋으셔서 빙그레 웃으신다. 그 하나님의 웃음을 닮은 목사가 되고 싶은 거다. 예배당 문을 들어서면서 사탕을 한 주먹 쥐어주시는 권사님의 사랑을 받는 나는 오늘도 행복하다.

내 인생의 전반전은 사람들 앞에서 갈채 받는 피아니스트가 되는 거였고, 내 인생의 후반전은 하나님 앞에 '겸손히 무릎 꿇는 목사'가 되는 것이다. 내 인생의 후반전! 이 벅찬 행복을 모두에게 소개하고 싶었다.

2

캐나다 23대 총리
(지금은 2019년)

        '전 세계가 43세 미남 캐나다 총리에게 열광하는 15가지 이유'를 중앙일보가 발표했다. 젊은 나이에 캐나다 보수당을 잡고 정권 교체를 이룩한 저스틴 트뤼도(Justin Pierre James Trudeau)가 캐나다 자유당 대표로, 2015년 제23대 공식 총리로 취임했다. 영화배우 같은 수려한 외모와 쾌활한 성품, 거침없는 발언이 그의 인기를 뒷받침한다고 언론에서는 떠들어댔다. 그에게 열광하는 15가지 이유 중에서 유독 내 맘을 끌어당긴 내용이 하나 있었다. 캐나다 역사상 최초로 '남녀 동수 내각'을 구성했다는 것이다.

"트뤼도 총리의 행보 중 가장 큰 파격은 그가 구성한 자유당 내각이다. 역대 캐나다 총리 중 두 번째로 나이가 어린 그는 파격적인 인물들로 내각을 구성했다. 자유당 내각은 사상 처음으로 남녀 15명씩 동수로 구성됐다. 또한 인종과 지역 요소를 세심하게 배려했으며, 신인 정치인들도 과감하게 포진시켰다는 평가를 받고 있다."(출처: 캐나다 중앙일보)

"총리님께서 새 내각을 캐나다와 많이 비슷하다고 표현하셨습니다. 총리님의 우선 고려사항 가운데 하나가 새 내각의 성별 균형을 맞추는 것이었다고 알고 있는데요, 이게 총리님께 왜 그렇게 중요한 것이었나요?"

"왜냐하면 지금은 2015년이니까요."

새 내각의 성별 균형을 맞춘 이유에 대해 누군가가 질문했을 때 "왜냐하면 지금은 2015년이니까요."라고 조금도 망설임 없이 총리가 답변하자, 청중 속에서는 환호가 터져 나왔다. 뒤에 서 있던 장관들은 환한 미소를 지었고 몇몇은 박수를 쳤다. 올해 43세의 트뤼도 총리는 사상 처음으로 남녀 15명씩 동수의 내각을 준비했다. 또한, 내각에 원주민이나 시크교도, 아프가니스탄 난민 출신은 물론 하반신 마비 장애인까지 포함해 인종과 지역을 배려하고 정치 신인도 과감하게 등용했다는 평가를 받았다. 〈뉴스위크〉지에 따르면 전 세계 20위였던 캐나다 내각의 여성 비율이 트뤼도 총리 취임과 함께 4위로 뛰어 올랐다. (출처: 오마이뉴스)

책 서두에서 이미 밝혔듯이 이 이야기를 들으면서 나는 문득 어린 시절 계란 프라이에 얽힌 기억이 떠올랐다. 나는 아들 둘, 딸 둘 합 네 명의 형제자매 중에 셋째로 태어났다. 위로는 오빠와 언니가 있고, 내 밑으로는 남동생이 있다. 가정 경제가 풍요롭지 않았던 시절이었다. 네 명의 자녀를 둔 어머니는 어느 날 아침, 계란이 두 개밖에 남아있지 않음을 알고 계란 두 개를 프라이 해서 오빠와 남동생의 도시락에만 넣어주었다. 나는 우연히 이 광경을 목격했다. 내 도시락 뚜껑을 열어보고 계란이 덮여있지 않음을 발견한 후에 밀려오는 서운함… 나는 지금도 계란 프라이를 보면 그 때의 기억이 되살아난다.

세월이 지나고 보니, 지금도 기억에 생생한 계란 프라이 사건이 오늘의 나를 만들었다. 그 사건을 목격한 어린 시절의 서운함이 기억 속에서 다 잊혀진 줄 알았다. 그런데 어느 날 직장 또는 조직에서 남녀를 차별하는 상황을 맞이하면 나도 모르게 예민한 반응을 보이게 되었다.

맏며느리로 시집온 나의 친청 어머니는 첫 딸을 출산했다. 첫아들을 기대하셨던 시어머님의 냉대 속에서 산후 조리를 제대로 하지 못했고, 그 아픈 상처가 치료되지 않아 가끔 첫 출산의 아픈 스토리를 들려주시던 기억이 난다. 그 후 아들을 낳았고, 딸 둘 아들 둘 다복한 가정을 이루었지만, 첫 출산 때 시어머니로부터 겪은 아픔을 자신도 모르게 딸에게 대물림하는 형식으로 아들, 딸을 차별한 것은 아닌가 생각된다. 가부장적인 시대에서 아들, 딸을 차별했던 어머니들은 자신이 여성이기에 집안에서 겪었던 고통을 세뇌당한 채, 딸들에게 대물림하는 경우도 있다고 한다.

세월이 지나 나는 목사가 되었다. 지난 세월을 돌이켜 보니, 나를 키운 것은 두 가지라는 결론을 내렸다. 오늘의 나를 만들어낸 두 가지는 나를 늘 지지해 준 남편의 지극한 사랑과 더불어 나를 분노케 했던 계란 프라이 사건이다. 그 두 가지가 내게 '동기부여'가 되어 나를 여기까지 오게 한 것 같다.

유학을 떠나기엔 좀 늦은 감 있는 만 52세 나이에 나는 유학을 떠났다. 이 유학에 두 사람이 지대한 도움을 주었는데,

첫째는 남편이다. 아내가 꿈 꿀 때, 함께 꿈을 공유하며 경제적 지원과 격려를 아끼지 않았던 소중한 남편, 그리고 둘째는 친정어머니다. 계란 프라이 사건을 통해 끊임없이 도전하고 당당하게 서는 여성으로서 만들어 주신 어머니⋯ 광야처럼 낯선 땅에 내던져졌지만, 그 곳에서 하나하나 겪은 소소한 일상들이 금보다 귀한 경험이 되었다. 2년 동안 만난 수많은 만남과 사건들이 나를 성장시켰고, 나를 좀 더 앞으로 나아가게 했다. 철들어 떠난 유학에서는 배울 점이 참 많았다.

인류의 반은 여성이다. 세월이 지나고 보니, 어디서든지 나는 여성이기 이전에 한 구성원이기를 원했다. 그래서 어느 조직에서든 꼭 필요한 인물이 되기 위해 실력을 쌓았다. 지금은 목회자로 부르심을 받아 목사가 되었지만, 아직도 한국사회는 여자 목사를 그리 환영하지 않는 정서가 만연하다. 그래서 나는 목사 안수를 받았다. 여자 목사가 교회에 꼭 필요하다는 것을 실제로 보여 주고 싶었기 때문이다. 엄마의 마음으로 지치고 외로운 분들을 꼭 안아 드릴 수 있는 여자 목사라서 나는 너무나 행복하다.

계란 프라이의 상처가 오늘의 나로 성장케 한 것처럼, 불평등한 사회 구조와 상황들은 오히려 여성들을 성장시킬 것이다. 누군가 말했다. "여성의 적은 여성이다"라고… 하지만 여성의 적은 여성도 아니고 남성도 아니다. 하나님이 창조하신 여성이 그 '존귀함을 잃어버림'이 여성의 적이다. 시어머니와 며느리, 올케와 시누이는 적이 아니다. 한편이다. 이러한 멋진 여성들을 새 내각의 중심으로 삼은 멋진 트뤼도 총리에게 나 또한 박수를 보낸다. 새 내각의 멋진 행보를 기대한다. 그리고 지금은 2019년이다.

3

마인드셋
(마음가짐)

사람은 평생 배우고 성장하는 존재로
그 마음가짐이 그 인생을 좌우한다. 오늘의 나는 어떤 마음가
짐으로 살아가고 있는가를 살펴볼 필요가 있다. 사람들의 마
음가짐에는 두 가지 종류가 있다. 스텐퍼드 대학교의 심리학
과 교수인 캐럴드웍은, 사람들의 마음가짐에는 '고정 마인드
셋'과 '성장 마인드셋'이 있다고 한다. 사람들이 본래 자신의
성격이라고 여겼던 것들이 실제로는 '마인드셋'에서 비롯된
것이다. 한 인간의 잠재력이 제대로 발휘되지 못한다면 그건
마인드셋의 영향이다. 마인드셋은 한 인간과 조직, 모든 사람

에게 강력한 영향을 끼친다.

　사람들은 타고난 환경, 적성, 기질 등이 각각 다르다. 출생 후 다양한 경험, 훈련, 노력에 의해 인생이 결정된다. 그런데 인생을 살아가면서 '어떤 관점을 택하느냐'가 인생에 지대한 영향을 미친다. 누구든지 응용과 경험을 통해 성장하고 변화할 수 있다. 먼저 고정 마인드셋을 가진 사람은 부정적인 상황에 처했을 때 자신의 능력과 가치를 평가받았다고 느끼며 좌절한다. 그러나 동일한 부정적인 상황에서 성장 마인드셋을 지닌 사람들은 평가결과에 좌절하지도 않고 평가 결과를 과장하거나 축소시키지 않는다. 부정적인 상황이나 실패를 그대로 받아들인다. 그리고 인생의 고비를 미래의 성공으로 바꾸는 특별한 기능을 발휘한다. 성공을 대하는 태도에서도 결과에만 집착하고 성공에 대해서만 가치를 부여하지 않는다. 성공은 최선을 다하는 것이며, 자신이 '좋아하는 일을 하는 과정'이라는 것에 가치를 부여한다. 그런 사람은 성공을 유지하는 법을 관리할 줄 안다.

학교에서 오직 능력이나 결과만을 가지고 칭찬받은 아이들은 어려운 일을 만났을 때 새로운 것에 도전하려는 열망이 없지만, 과정이나 노력에 대해 칭찬 받은 아이들은 새로운 도전을 계속 받아들이며 어려운 것에 다시 도전한다. 즉 자녀의 재능만을 칭찬한다면 동기와 성과를 망치는 결과를 가져온다. 자신이 가진 재능보다 뛰어난 사람이 나타났을 때 곧바로 좌절한다. 고정 마인드셋을 가진 사람은 오직 자신만을 영웅시하며 자신의 결점으로 고치려 하지 않고 인정하지 않는다. 늘 남의 판단에 영향을 받는다.

'위대한 기업을 만들어낸 리더' 들의 특징은 자신을 쓸데없이 과시하지 않는 유형의 사람들이다. 우리가 부모로서 교사로서 또 한 조직의 리더로서 다른 사람들의 인생에 관여하는 위치에 서 있게 될 때 성장 마인드셋을 가지고 있으면 그 사람들의 잠재력을 발휘하게 한다. 우리는 다른 사람들의 성장을 도울 수 있는 리더가 되어야 한다.

변화란 어려운 것일 수 있습니다. 하지만 변화에 성공한 사람 중 그 변화가 '가치 없다'고 하는 사람은 보지 못했지요. 물론 자신이 직접 그 고통스런 과정을 겪은 사람들이 그 가치를 낮춰 볼 수는 없겠죠. 하지만 변화를 이룬 사람은 자신의 삶이 얼마나 더 좋아졌는지 얘기해 줄 수 있을 겁니다. 예전에는 갖지 못했지만 지금은 갖추게 된 것, 전과는 다른 기분에 대해 당신에게 이야기해 줄 수 있지요.

성장 마인드셋을 향한 변화가 제가 가진 모든 문제를 해결해 줬냐고요? 아닙니다. 하지만 저는 그 덕분에 이전과는 사뭇 다른 삶, 더 풍성한 인생을 살 수 있게 됐다는 걸 압니다. 그리고 더 생동감을 느끼고 용기를 얻게 됐으며 더 열린 자세를 갖추게 됐죠.

지금 당신이 변화해야 할지 결정할 수 있는 사람은 당신뿐입니다. 변화가 당신에게 필요할 수도, 아닐 수도 있지요. 하지만 어느 쪽이든 부디 성장 마인드셋만은 마음속에 담아두세요. 그럼 어떤 장애에 부딪힐 때마다 그 성장 마인드셋에 의지할 수 있을 겁니다. 성장 마인드셋은 항상 당신과 함께 할 테니까요. 미래를 향한 길을 당신에게 보여주면서.

고정마인드셋과 성장마인드셋

	고정마인드셋	성장마인드셋
기본전제	지능은 정해져 있다	지능은 성장할 수 있다
욕 구	남들에게 똑똑해 보이고 싶다	더 많이 배우고 싶다
도전 앞에서	도전을 피한다	도전을 받아들인다
역경 앞에서	쉽게 포기한다	맞서 싸운다
노력에 대해	하찮게 여긴다	완성을 위한 도구로 여긴다
비판에 대해	옳더라도 무시한다	비판으로부터 배운다
남의 성공에 대해	위협을 느낀다	교훈과 영감을 얻는다
결 과	현재 수준에 정체되고 잠재력을 발휘하지 못한다	잠재력을 발휘해 최고의 성과를 낸다

(마인드셋, 스몰빅라이프, 344쪽).

4

가르쳐야
내 것이 되는 지식

  아이들이 어렸을 때 네 식구가 가정예
배를 드렸다. 사회, 기도, 설교 이 모든 것을 우리 부부만이 아
니라 아이들도 동참시켰다. 때로는 아이들이 설교자가 되기
도 하고 사회를 보기도 했다. 결혼을 해서 부모가 되면 어른
이 된다고 한다. 부모들이 자녀를 기르면서 성장하는 이유는,
자식들을 끊임없이 가르치기 때문이다. 지식은 배울 때보다
가르칠 때 진정으로 내 지식이 된다. 그래서 성경을 공부하거
나 어떤 지식을 정확하기 소유하기 원한다면 먼저 배워야 하
고, 또한 가르쳐야 한다. 리더는 가르치는 동시에 자신이 배

우는 자이다.

　모르는 것을 배우는 가장 확실한 방법이 있다면 남을 가르치는 것이다. 우리는 남을 가르치면서 실제는 자신이 가장 확실히 배운다.

　'가르치며 공부하는' 방식은 자신에게 '아직도 이해가 부족하다'란 자각을 끊임없이 일으키는 효과적인 방법이다.

(한겨레 뉴스)

　"교학상장(敎學相長)"이란 말이 있다. 이 말의 뜻을 사전에서 찾아보면, '가르치고 배우면서 서로 성장한다'라고 해석되어 있다. 스승은 학생을 가르치면서 성장하고, 제자는 배움으로써 진보한다는 의미이다. 스승과 제자의 관계는, 한쪽은 가르치기만 하고 다른 한쪽은 배우기만 하는 상하 관계가 아니다. 스승은 학생에게 가르침으로써 성장하고, 제자 역시 배움으로써 나아진다.

중국에서 '예'의 본질과 의미에 대해 상세하게 기록한 책이《예기》인데 그 책의 〈학기〉편에 이런 내용이 있다. "좋은 안주가 있다고 하더라도 먹어 보아야만 그 맛을 알 수 있다. 또한 지극한 진리가 있다고 해도 배우지 않으면 그것이 왜 좋은지 알지 못한다. 따라서 배워 본 이후에 자기의 부족함을 알 수 있으며, 가르친 이후에야 비로소 어려움을 알게 된다… 그러기에 가르치고 배우면서 성장한다는 것이다."

　"벼는 익을수록 고개를 숙인다."는 말이 있다. 이 말은 배움이 깊어질수록 겸허해진다는 뜻이다. 학문이 아무리 깊다고 해도 가르쳐 보면, 자신이 미처 알지 못하는 부분이 적지 않다는 것을 알 수가 있다는 것이다. 스승은 부족한 것을 더 공부하여 제자에게 익히게 하며 제자는 스승의 가르침을 받아 훌륭한 인재로 성장할 수 있다.

공자는 "후생가외"라는 말을 했다. 즉 '나중에 태어난 사람은 두려워할 만하다' 는 의미이다. 그만큼 젊은 사람들의 가능성은 무궁무진하다는 의미이다. 가르치는 사람이나 배우는 사람이나 모두 '교학상장' 의 자세로 임하면 흔들리고 있는 '사제관계' 가 새롭게 부활될 수 있을 것이다.

조영탁의 〈행복한 경영 이야기〉에서 인용한 글이다.

사람이 무언가를 배운 후 48시간이 지나서 얼마나 기억하는지를 실험해 보았다.

읽기만 하는 경우에 사람들은 10% 정도 기억하고, 보고 들은 경우에는 50%,

그리고 다른 사람에게 가르친 경우엔 90% 까지 기억하고 있었다.

그러므로 '가르치는 것이 곧 배우는 것이다'라고 교육학자 에드거 데일(Edgar Dale)은 말했다.

영어에는 Learning by teaching 이라는 표현이 있다. 직역하면 '가르침으로써 배우기'이다.

알고 있는 지식을 혼자 간직하지 않고 남과 나눔으로써 나의 지식도 더욱 커지는 기쁨을 맛볼 수 있다.

예수님께서 갈릴리 바닷가에서 제자들을 만나 식탁의 교제를 나누시는 중 '내 양을 치라'고 말씀하셨다. 마태복음 28장 18~20절에 '가르쳐 지키게 하라'고 말씀한다. "예수께서 나아와 말씀하여 이르시되 하늘과 땅의 모든 권세를 내게 주셨으니 그러므로 너희는 가서 모든 민족을 제자로 삼아 아버지와 아들과 성령의 이름으로 세례를 베풀고 내가 너희에게 분부한 모든 것을 가르쳐 지키게 하라 볼지어다 내가 세상 끝 날까지 너희와 항상 함께 있으리라 하시니라."

가르치고 배울 때 서로 성장하는 기쁨을 누린다. 부모, 자식 간에 사제지간에 가르치고 배우는 멘토와 멘티로 연결되는 이 아름다운 잔치에 모두를 초대하고 싶다. 지식은 가르칠 때 진정으로 내 것이 된다.

우리의 선조들은 끝없이 배워야 하는 이유에 대해 이렇게 정의했다.
"玉不琢不成器 人不學不知道."
"옥은 쪼지 않으면 그릇이 되지 못하고, 사람은 배우지 않으면 도리를 모른다."

5
이벤트의 여왕
(뇌가 좋아하는 이벤트)

남편이 퇴근할 시간에 맞추어서 우리
는 집안의 불을 다 끄고 숨을 죽였다. 나는 피아노, 큰아이는
바이올린, 작은 아이는 첼로를 손에 들고 연주할 준비를 했
다. 남편이 현관문을 여는 순간 불이 켜지면서 우리는 아름다
운 곡을 연주하기 시작했다. 소위 '남편을 위한 작은 음악회'
를 열었던 것이다. 남편을 기쁘게 하기 위해서 우리는 깜짝이
벤트를 계획했던 것이다. 가끔 벌어지는 깜짝이벤트를 통해
놀라고, 행복했던 일들이 배경이 되어서였을까. 남편은 음악
을 전공하겠다는 두 아이의 꿈을 진심으로 지지하며 최선을

다해 오늘까지 후원하고 있다.

남편이 금융계통의 직장을 다닐 땐 두 아이에게 옷을 예쁘게 입혀서 손님처럼 창구에 가서 아빠를 깜짝 놀라도록 한 적도 있다. 나는 이벤트를 좋아한다. 미리 계획을 짜고 몰래 준비해 쨔-잔 하고 이벤트를 하면 너무나 행복해 하는 상대방의 모습을 보는 것이 너무나 행복하다. 지금도 교회 사역을 하면서 나는 "어떤 이벤트로 성도들을 행복하게 할까"를 날마다 고민한다. 이 고민은 매우 행복한 상상의 나래를 펼치게 한다. 내가 지금 목사가 되지 않았더라면, 이벤트 회사의 사장이 되었을지도 모르겠다. 남을 행복하게 하는 것은 내게 갑절의 행복이 되어 돌아온다. 우리의 인생이 날마다 이벤트가 되었으면 좋겠다. 이벤트는 뇌를 건강하게 만든다고 한다. 뇌에 건강한 충격을 주어서 그런가보다.

사토토미오가 쓴 〈뇌가 건강해지는 하루 습관〉에 뇌가 건강해지는 평일의 습관은 다음과 같다.

▶5~6시 사이에 일어나라 – '교감신경'과 '부교감신경'의 메커니즘을 사용한다.

▶태양을 보라 – 멜라토닌을 잘 활용하여 '시차병'을 말끔히 없앤다.

▶어떤 하루를 보내고 싶은지 중얼거려라 – 불안이나 고민이 재정비되는 아침에 '입버릇'에 신경 쓴다.

▶거울 앞에서 '넌 정말 최고야'라고 칭찬하라 – 겉모습을 꾸미기보다 먼저 '자기 이미지'의 힘을 이용한다.

▶아침에 15분간 산책하라 – '자신의 꿈'을 키워주는 설레는 상태를 만든다.

▶잠깐이라도 아침에 공부하라 – 공부를 '즐거운 것'으로 만들어 뇌를 활발하게 바꾼다.

▶아침식사는 간단하게 – 공복기 분비되는 '모틸린'으로 장의 활동을 원활하게 한다.

▶먼저 인사하라 – 남보다 먼저 인사해서 스스로를 기쁘게 한다.

▶즐기려고 노력하라 – 일에서 도망치려는 생각을 없앤다.

▶ 일을 '전략게임' 처럼 만들어라 – '나로부터 시작되는 일'로 바꾼다.

▶ 흔쾌히 일을 맡아라 – '할 수 있다'고 말해야 뇌가 해결책을 찾는다.

▶ '고마워' 라는 말을 자주 하라 - 말 한마디로 행복한 기분을 느낀다.

▶ 세대가 다른 사람에게 배워라 – '배움'을 통해 인간관계를 확장시킨다.

▶ 꿈을 말하라 – 주위를 응원자들로 가득 채운다.

▶ 동경의 대상을 찾아라 – 목표가 불분명하다면 먼저 동경하는 인물을 찾는다.

▶ 펜이나 만년필을 사용하라 – 다양한 쓰기 행위를 통해 창조력을 키운다.

▶ 혼자서 점심을 먹으러 가라 – 순간의 만남이 인생을 풍요롭게 만든다.

▶ 퇴근길에 들러 가는 장소를 만들어라 – '나는 더 크고 싶다!'는 의욕에 불을 지핀다.

▶서점에 가라 - 책에서 인생을 바꿀 기회를 만난다.

▶비싼 커피를 마셔라 - 일상에서 풍요로운 기분을 연출한다.

▶제철 재료로 저녁을 만들어라 - 저녁은 맛있는 식사로 최고의 영양을 섭취한다.

▶영양제로 몸을 정화하라 - 비타민이나 미네랄로 몸의 '독'을 제거한다.

▶'일품 요리'를 즐겨라 - 가끔 유명 인들이 즐기던 맛을 통해 뇌에 자극을 준다.

▶침실을 이상적인 공간으로 꾸며라 - '오늘'과 '내일'을 이어주는 시간을 최고의 장소에서 맞는다.

▶'감사 일기'를 써라 - 기분 좋게 잠들기 위해 '좋은 일'만 회상한다.

헬스친구가 말하는 뇌가 건강해지는 10가지 중에서 5가지만 뽑아 본 내용은 다음과 같다.

1) 일상적인 것에 반대하라

우리의 뇌는 변화를 즐긴다. 틀에 박힌 것은 싫어한다.
단조롭고 변화가 없다는 것은 뇌의 욕구를 만족시켜 주지
못한다는 얘기다.

뇌는 일상적이고 변화가 없는 정보는 소음처럼 여기고 기
억하지 않는다.

가령 여러 권의 책을 동시에 읽는 새로운 시도를 해본다.

첫 번째 책을 30분 동안 읽다가 이어서 다른 책으로 넘어
간다.

교과서를 읽다가 시집이나 재미있는 잡지를 읽어본다.

이렇게 하면 뇌가 집중력을 잃을 것 같지만 오히려 반대
다.

2) 여행하라

여행은 뇌를 재충전하고 깨어있게 하는 좋은 방법이다.

이국적인 곳을 여행할수록 풍부한 자극을 경험하게 돼 더욱 좋다.

여행은 뇌의 환경이 결정되는 12세 전후가 지나기 전에 할수록 좋다.

새로운 장소나 다양한 인종, 이국적인 음식들을 접하면 뇌의 활동에 도움이 된다.

3) 새로운 것을 먹어라

늘 먹던 음식보다 한 번도 먹지 못했던 음식,

예를 들어 인도나 태국음식 등에 도전해보자.

새로운 음식은 뇌에 새로운 자극을 줘 일상생활에 지쳐 있는 머릿속을 상쾌하게 만들어준다.

4) 도전하고 배워라

뇌는 도전을 즐긴다.

새로운 외국어를 배우거나 글을 써보거나 모형비행기를 조립하는 것 무엇이라도 좋다.

5) 남들을 따라 하지 말라

뇌는 도전을 좋아하는 동시에 다른 것을 잘 따라한다는 특성도 있다.

하지만 뇌가 배우고 기억하는 능력을 높이기 위해서는 다른 사람과 같아지려 하는 뇌의 명령을 거부해야 한다.

앞으로 수십 년 동안 무슨 일을 할 때가 가장 행복할 지 스스로에게 물어보라. 그리고 정말로 하고 싶은 걸 하라.

사랑하는 사람들에게 이벤트를 하라. 그리고 자기 자신을 위한 이벤트를 해 보는 것은 어떨까? 나는 영원한 이벤트의 여왕이 되고 싶다.

이런 엄마가
세상을 바꾼다

1

죽고 사는 문제 아니면
(이런 엄마가 세상을 바꾼다)

한때 LA 한인 신문에 '자랑스런 여성'으로 선정되기도 했던 내 지인의 이야기를 소개하고 싶다.

올해의 혁신수입기업인상을 수상한 신○○ 관세사는 지난 30여 년 간 물류통관서비스 업종에 종사하면서 미 전역에 10개의 지사를 거느린 종합물류기업 FNS에서 여성 최초 법인장을 맡는 등 경영 능력을 보였으며 관세무역 전문가로서 한인기업의 한미 FTA 활용 지원 및 통관 애로 해소를 위한 컨

설팅 활동에도 적극 참여, 한미 양국 간 무역증진에 큰 기여를 한 것이 좋은 평가를 받았다.(미주한국일보)

신 법인장은 남매를 키우며 일을 병행하고 있는 커리어우먼이다. 아무래도 리더의 위치에서 직장생활을 하다 보니 신법인장은 자연스럽게 아이들을 자립적인 아이로 키웠다. 아이들이 어리다보니 여러 가지 엄마와 커뮤니케이션을 해야 하는 소소한 일들이 많았다. 그러나 회사에서는 워낙 중요한 업무들을 처리해야 할 순간들이 많았고, 일에 집중해야 하는 상황이었다. 어느 날 신 법인장은 두 자녀들과 이런 대화를 나눴다고 한다.

"엄마가 회사에서 중요한 일들을 처리해야 하기에, 때론 전화 받을 상황이 안 될 수도 있단다. 그러니 죽고 사는 문제가 아니라면, 엄마에게 전화하지 말고 너희들이 스스로 판단하여 해결하고 처리해 주면 고맙겠구나." 두 아이는 엄마의 말을 잘 이해하고 따라 주었다. 농구가 하고 싶었던 아들은 자신을 차로 태워다 줄 사람이 필요했기에 친구 아버지와 잘 지내며 그의 도움을 받아 하고 싶은 운동을 하기도 했다. 스스로 자신의 일을 처리하는 독립적인 아이들로 구김살 없이 잘 자라 주었다.

그런데 어느 날 작은 아이인 아들로부터 다급한 전화가 걸려왔다. Mom! 으로 시작하여 풀어놓는 그의 이야기는 이러했다. '마당에 스프링쿨러가 터져서 물이 계속해서 솟아나고 있는데, 엄마가 평소 죽고 사는 문제가 아니라면 전화하지 말라고 했으니, 누나는 이 정도는 죽을 일은 아닌 것 같으니, 엄마에게 알리지 말자고 주장을 했고, 본인은 이 물이 계속해서 흘러나오면 죽을 수도 있는 문제이니 엄마에게 전화를 거는 것이 맞다'고 했다는 것이다. 평소 서로 의지하고 의견이 비교적 잘 맞았던 남매의 의견이 이번 사건에서는 정 반대 방향으로 갈라졌던 것이다. 그리고 급기야는 동생이 이 사건에 대한 엄마의 의견을 듣기 위해 전화를 했던 것이다. 신 법인장은 곰곰이 생각해 보니 동생의 의견이 맞는 것 같다는 판결을 내렸고, 자신이 이겼다고 환호성을 질러대는 아이의 소리에 빙그레 웃음이 지어졌다고 한다.

그런 성장 배경 때문인지 두 아이들은 자립적인 아이들로 잘 자라났고 스스로 자신의 삶을 잘 개척해 나가며 살고 있다. 대학교에서 정치를 공부했고, 최근에 미국 변호사 시험에 합격한 아들로부터 이런 고백을 들었다고 한다. '미국 대통령 선거를 도울 때 여러 가지 어려운 상황들을 만났었는데 어렸을 때부터 엄마가 스스로 자신의 일을 해결하도록 가르쳐 주었기 때문에 어려운 고비의 순간들을 잘 넘길 수 있어서 엄마에게 고맙다'고 이야기를 했다고 한다.

　요즘 지나친 자식 사랑으로 인해, 나라가 떠들썩하다. 자신의 자녀에게 좋은 성적을 내도록 돕기 위해 부모가 시험지를 빼돌려 아이에게 준 것이 뉴스에 보도되었다. 아이는 좋은 성적은 낼 수 있었으나, 결국은 그것이 밝혀져 사랑하는 아이들의 학창생활까지도 뺏어버린 씁쓸한 뉴스를 얼마 전 들었다.

　진정으로 자식을 사랑한다는 것은 무엇일까? 사설기관에 봉사활동을 다니던 시절이 있었다. 그 시설에 어느 날 어른들이 찾아왔다. 이유를 들어보니, 아이가 봉사활동을 한 후 확인서를 받아가야 하는데, 아이가 공부하느라 시간이 없으니, 엄마가 대신 봉사하고 아이의 이름으로 확인서를 발급해 달라는 것이다. 자신이 봉사도 하지 않은 봉사활동 확인서를 학교에 제출하는 아이의 마음은 어떠했을까? 부모와 자녀가 함께 거짓말을 하기로 작정한 행위가 아닌가. 그러한 아이가 어른이 되어서 공직에 앉는다면 그 결과가 어떠할지 생각해 보았다.

비뚤어진 자녀 사랑과 과잉보호의 부모 이야기가 만연한 시대라서 신 법인장의 자녀 양육 이야기가 더 아름답게 들린다. 이런 어머니가 세상을 바꾼다. 이런 어머니가 점점 더 많아질 때 이 땅은 좀 더 밝은 세상이 될 것이다. 자녀를 진정으로 사랑한다면 때론 불편과 결핍을 제공해 주어야 한다. 스스로 문제를 해결하는 근육을 만들어 놓을 때 좀 더 큰 문제를 해결하는 힘을 스스로 기를 수 있다.

부모의 과잉보호와 완벽주의가 부른
미국 대학생들의 자살(3/3)

2015년 7월 30일 | By: ingppoo | 세계 | 1개의 댓글

옮긴이: 명문 대학에 입학하는 것이 이미 인생의 목표로 정해진 채 부모가 정해놓은 길을 따라 걸어오기만 한 아이들은 대학에 입학한 뒤 별것 아닌 변화에도 큰 좌절과 시련을 맛봅니다. 부모가 늘 모든 문제를 해결해줬던 아이들에게 홀로서기란 너무나 힘겨운 과제입니다. 늘 완벽하기만을 요구받아온 아이들이 작은 실패에도 크게 낙심해 존재론적 회의마저 느끼며 목숨을 끊는 극단적인 선택을 했을 때, 그 책임은 학생 자신에게 보다도 부모의 과잉보호와 대학 시스템, 끊임없이 완벽하기만을 요구하는 문화에 있다고 보는 게 맞을 겁니다.

김춘경은 이렇게 주장했다.

과잉보호를 받은 아동들은 자기 중심적, 이기적, 의존적
인 성격을 지니게 된다. 그들은 어려서부터 스스로 자신
의 열등성을 극복하고, 공동체감을 형성하도록 훈련받지
못하여, 건강하고 바른 자아를 형성하지 못할 뿐 아니라,
나아가 신경증적이고, 정신병리적인 성격을 형성할 경향
이 강하다. 그들은 Adler가 말하는 세 가지 삶의 과제를
해결하는데도 많은 어려움을 보인다. 아동발달에 치명적
인 영향을 미치는 과잉 보호적 양육방식의 폐해는 한 개
인이나 한 가족만의 문제가 아니라, 사회 전체의 문제이
다.

2

마음의 근육

"스톡데일 패러독스(Stockdale Paradox)"란 말이 있다. 이 명칭은 베트남 전쟁이 한창일 때 '하노이 힐턴' 전쟁포로 수용소의 미군 최고위 장교이던 짐 스톡데일(Jim Stockdale) 장군의 이름에서 따왔다고 한다. 스톡데일은 1965년부터 1973년까지 8년간 수용소(약 90cm * 275cm의 독방)에 갇혀 있는 동안에 20여 차례의 고문을 당하면서 전쟁포로의 권리도 보장받지 못하고 정해진 석방 일자도 없고 심지어는 살아남아 가족들을 다시 볼 수 있을지조차 불확실한 상태로 전쟁을 견뎌냈다고 한다. 그는 수용소 내의 통솔 책임을 떠맡아, 자신을 체포한 사람들과 포로들을 선전에 이용하려는 그들의 시도에 맞서 싸우며, 가능한 한 많은 포로들이 살아남을 수 있는 조건을 만들기 위해 할 수 있는 일은 뭐든지 했다. 그가 가진 믿음의 결과로 마침내 석방된 스톡데일은 해군 역사상 조종사 기장과 의회 명예 훈장을 동시에 다는 최초의 3성 장군이 되었다.

단순히 '잘 되겠지', '잘 될거야' 라는 생각을 가지는 것은 지금 당장의 현실에 잠시 동안의 위안을 준다. 잠깐 마음의 위안을 얻는 게 옳은 것일까? 아니면 희망의 끈은 놓지 않고 힘들지만 현실을 직시하는 것이 옳은 것일까? 최악의 상황 속에서도 희망을 잃지 않고 희망을 향해 현실을 극복하기 위한 노력을 하는 현실주의자가 되는 것, 즉 "낙관적 현실주의자" 바로 이것이 스톡데일 패러독스인 것이다.

낙관주의자들이란 '크리스마스 때까지 나갈 거야' 라고 말하던 사람들이다. 그러다가 크리스마스가 지나면 '부활절이면 나갈 거야' 라고 말하고, 그 다음은 추수감사절, 그리고 다시 다음 크리스마스를 고대하다가 기대한 대로 상황이 바뀌지 않으면 결국 상심해서 죽는 사람들을 말한다. 결국에는 성공할 거라는 믿음, 결단코 실패할 리는 없다는 믿음과 그게 무엇이든 눈앞에 닥친 현실 속의 가장 냉혹한 사실들을 직시하는 규율은 결코 서로 모순되는 것이 아니다. 스톡데일의 말을 통해 스톡데일 패러독스를 정의하자면 스톡데일 패러독스란 "낙관주의자처럼 보이는 현실주의자"를 일컫는 말이다. 현실을 직시하고 받아들이되 희망의 끈을 놓지 않는 것이 스톡데일 패러독스이다. 즉 희망과 동시에 현실적 암울함을 모두 소유한 상태를 말한다.(이창화 원장 2014.1.12)

　현실을 직시하지 못하는 낙관주의자들은 낙심을 뿌리칠 수 없다. 현실 속의 냉혹한 현실을 받아들일 마음의 근육이 준비되지 않았기 때문이다. 냉혹한 현실을 받아들이고 낙심을 대비하여 근육을 키워야 한다. 근육은 우리 몸이 움직이는데 있어서 가장 큰 역할을 한다. 평소 운동을 해서 근육이 단단히 형성된 사람은 조그만 사고에 크게 다치지 않는다. 그러나 평소에 근육이 부족하면 작은 사고에도 생각지 않은 데미지를 입게 된다.

마음의 근육도 키워야 한다. 마음의 근육이 건강할 때 자잘한 일에 마음이 붙잡히지 않게 된다. 너무 완벽한 부모가 옆에 붙어있어서 실패할 기회가 없다면 근육을 키울 수 없다. '실패할 기회'가 있어야 건강한 마음의 근육이 생긴다. 그래야 더 큰 상실을 피할 수 있다. 어떤 일을 당할지라도 그것을 감당할 만한 마음의 여유, 마음의 근육이 우리 속에 있어야 한다. 아이들 앞에 놓인 돌멩이를 치워주기 보다는 돌멩이를 잘 피해서 또는 돌멩이를 잘 딛고 건너는 방법을 가르치는 것이 훨씬 더 지혜로운 부모이다. 어차피 아이들 인생 가운데에 놓여질 돌멩이들을 우리가 다 치워줄 수는 없기 때문이다.

위기에 대처하는 방법을 배울 수 있는 좋은 방법 중 하나는 여행이다. 내 아이들이 어렸을 때, 두 아이를 데리고 더운 나라로 외국여행을 떠난 적이 있다. 우리는 비행기를 타고 약 4시간에 거쳐서 그 나라에 도착했다. 한 날은 공원에 놀러갔는데, 그때 아직 초등학교에 들어가지 않았던 작은 아이가 마차를 타고 싶어 했다. 마차를 타는 가격이 생각보다 저렴했다. 그래서 적절한 가격에 흥정하고 나와 두 아이, 그리고 동행한 지인 한 사람은 필리핀 현지인이 태워주는 마차를 타게 되었다. 한참을 공원을 돌아다니며 재미있게 시간을 보내던 중 갑자기 말을 으슥한 곳으로 모는 것이었다. 말을 태워주던 사람은 사람이 없는 으슥한 곳으로 우리를 데려간 후, 돌변하여 위험한 흉기를 꺼낸 후 가진 지갑을 통째로 내놓으라고 협박하는 것이었다. 겁에 질린 우리는 아무 말도 할 수도 없었고, 모두가 가지고 있는 지갑을 고스란히 빼앗기고 말았다.

두 아이를 데리고 숙소까지 가야하는데, 모든 돈을 다 빼앗긴 나는 순간 아찔했다. 그래서 죽을 용기를 내어 간신히 말했다. 내 두 아이가 아직 어리고, 우리가 숙소까지는 가야하는데 차비만이라도 좀 달라고 나는 사정을 했다. 좀 많이 딱해 보였는지 그는 약간의 동전을 전해 주었다. 마차에서 내려 그 동전을 받아가지고 기차를 타러 가는 우리는 누가 먼저랄 것도 없이 모두 눈물을 훔치고 있었다. 내 나라도 아닌 남의 나라에까지 와서 사기를 당하니 너무 억울하고 서러웠다. 멀리서 경찰이 우리들을 보고 있었는데, 모른 척하는 상황까지 목격을 하다 보니, 더 기막히고 어이없다는 생각이 들었다.

다행히도 임시로 얻은 숙소까지 갈 차비는 되었기에, 우리는 숙소에 돌아 올 수 있었다. 모두 다 지쳐서 아무 말들도 하지 않았고 우울한 기분으로 어스름한 저녁을 맞게 되었다. 이 분위기를 어떻게 다시 좋게 할까 생각하던 나는, 한 가지 제안을 했다. 다 모여서 게임을 하자고 제안했다. 다들 동그랗게 모여 앉았고, 내가 제안한 게임의 이름은 "감사 게임"이었다. 돌아가면서 한 사람씩 감사한 이야기를 말하는 게임인데, 말문이 막히는 사람이 지는 게임이다. 돌아가면서 감사한 것을 계속 말하기 시작했다. 태어나서 감사, 여행 와서 감사, ○○때문에 감사… 여러 번 순서가 돌아가다 보니 다들 감사할 내용이 없어지기 시작했고, 게임에서 지지 않으려고 감사한 것들을 떠올리느라 정신이 없었다. 그 때 누군가가 감사한 내용이 떠오르지 않자, 다급한 마음에 "오늘 공원에서 강도 만난 것을 감사 합니다." 그 순간 우리들 눈에서 울음이 터져 나왔다. 그리고 서러워서 다 같이 한참을 울었다.

그런데 참으로 신기한 일이 벌어졌다. 강도 만난 것을 감사하고, 우리 모두가 함께 부여잡고 울었는데, 우리들의 마음이

풀어진 것이다. 낮에 강도를 만나서 우울하고 슬펐던 상한 마음들이 치유가 된 것이었다. 그래, 감사하자. 외국여행을 해보니, 살기 좋은 한국에서 살아가고 있음이 감사하고, 강도에게 돈은 빼앗겼지만 몸은 다치지 않았으니 감사하고, 집에까지 올 수 있는 차비를 받았으니 감사하고, 이 일을 통해 외국에 가면 조심해야 한다는 교훈을 얻었으니 감사하고, 혼자 강도를 만났으면 더 무서웠을 텐데, 우리가 함께 있었기에 감사하고… 어떻게든 내 조국인 한국에 돌아갈 수 있을 테니 감사하고, 내가 대한민국 국민이라는 것도 감사하고… 우리는 그날 저녁 풍성한 식탁을 준비하지는 못했지만, 감사로 충만한 저녁 시간을 보낼 수 있었다.

성경에 보면 간혹 큰 실패를 통해 하나님이 쓰시는 멋진 리더로 성장한 사람들의 이야기가 나온다. 요셉이 그랬고, 다니엘, 모세가 그랬고, 아브라함이 그랬다. 그러므로 자녀들이 때로 넘어질 때 부모들은 너무 놀라지 말자. 넘어지면서 근육이 생긴다. 어차피 우리 자녀들 인생가운데 나타날 장애물들을, 복병들을 우리가 치워주지 못할 것이기 때문이다. 때론 넘어지고, 때론 아파서 눈물지을 때, 그로 인해 아름답게 형성될 마음의 근육을 생각하면서 넉넉히 이기는 부모와 자녀가 되었으면 좋겠다.

3

나는 옳은 편

　　　"물건을 훔치면 도둑이 되지만 마음을 훔치면 리더가 된다."

　직장에서 40여 명을 거느린 여성 리더가 있었다. 줄곧 남자가 리더였는데, 여성이 리더가 되어서 반응이 남달랐다. 그녀는 여성을 대표하는 마음으로 일했고, 업무에 틈이 생기지 않도록, 성과를 내기 위해 최선을 다해 일했다. 어느 날 전화 한 통이 걸려왔다. 본사에서 중직을 담당하는 고위 간부에게서 연락이 온 것이다. 회사가 어려운 일을 결정해야 하는 사안이 있는데, 무조건 자신의 편에 서 달라는 부탁이었다. 그녀는 순간 당황했다. 그리고 침착하게 대응했다. 그리고 자신도 모르게 이런 대답이 입에서 나왔다. "나는 무조건 옳은(right) 편에 서겠습니다." 무조건 자신의 편에 서겠다는 대답을 기대했던 고위 간부는 기분이 몹시 언짢았다. 그래서 그녀를 깎아내리기 위해, 리더의 자리에서 끌어내리기 위해 애썼다. 워낙 재정적으로 클리어했던 여성 리더는 여러 가지 주변의 압력에서부터 자신의 자리를 지킬 수 있었다.

그 후 많은 시간이 지난 후, 그 고위 간부는 여러 가지 상황을 만나게 되었고 본인이 회사를 떠나야 하는 큰 어려움에 직면하게 되었다. 그 때, 그동안 늘 자신을 지지하고 한편처럼 느꼈던 사람들은 쉽게 등을 돌렸고, 옳은 편에 서겠다고 강직하게 나가서 불이익을 당할 뻔 했던 여성 리더는 그의 편에 서서 그를 도왔다. "그동안 회사에 충실했고 유익을 끼쳤던 사람을 내보내는 것은 옳지 않습니다."라고 회사 측에 건의를 했다. 이 사실을 알게 된 고위 간부는 훗날 여성 리더를 만났고, 그녀에게 진심으로 사과를 했다. 그 이후 매우 좋은 관계로서 또 다른 일에 협력자가 되는 해피엔딩으로 끝났다. 난

세에 영웅이 난다고 한다. 어려운 일을 만나면 충신과 간신을
구별하는 시금석이 된다.

   우리 모두는 다 리더의 자리에 선다. 리더가 되는 것은 부모
가 되는 것과 비슷하다. 린다 힐(Linda Hill)의 "리더가 된다
는 것"(『리더의 조건』, 21세기북스)에는 어떤 증권사의 지점장
이 된 사람의 다음과 같은 이야기가 있다. "첫 아이가 태어났
을 때와 같은 느낌이지요. 어제까지만 해도 아이가 없었는데
오늘은 부모가 되어 아이를 돌보는 데 필요한 모든 것을 알아
야 하는 겁니다." 우리 모두는 자의든 타의든 리더의 자리에
서 리더의 역할을 감당한다. 여성리더십에 대한 많은 의견들
이 분분하다. 앞으로는 여성 리더가 남자의 수를 능가하리라
는 관측도 있다.

우리는 앞으로 미국 기업의 최고경영자 자리에 오르게 될 여성의 수가 남성을 능가하리라고 믿고 있다. 이런 믿음은 최근의 통계를 보더라도 그 근거가 충분하다. 여성의 진출은 비단 기업뿐 아니라 각 분야의 조직으로 널리 퍼질 것이다. 여성은 천성적으로 인도주의 및 문화주의 성향의 리더 역할에 잘 어울린다. 그렇다고 해서 여성의 능력이 여기에 국한되는 건 아니다. 실제로 남성이 리더십이라는 여성적 역할을 수행하는 것보다, 여성이 관리라는 남성적 역할을 할 때 더 나은 결과를 낳는 경향이 있다. 서밋과 힐러리, 프리던, 윈프리라는 네 명의 여성을 선택한 이유는 이들이 다양한 사회 영역을 대표하는 사람들이기 때문이다. 팻 서밋은 여성 스포츠 특히 농구 분야에서 개척자 역할을 수행하고 있다. 또한 대학 스포츠 분야에서 여성의 경기장 사용권을 남성과 동등한 수준으로 높이도록 한 법률을 몸소 실천하는 여성이다. 힐러리 클린턴은 과거 퍼스트레이디로서의 이미지에 덧붙여 지금은 상원에서 막강한 영향력을 행사하고 있다. 대통령의 아내 힐러리에서 이

제 뉴욕 주의 상원의원 힐러리 클린턴으로 성공적인 정치인생을 시작했다는 평을 받고 있다. 베티 프리던은 '여성의 신비'로부터 여성들을 구출해 내기 위해 외로운 투쟁을 벌이고 있다. 프리던이 창시한 이 여권운동은 그녀의 지칠 줄 모르는 개척활동의 원동력으로 자리하고 있다. 마지막으로 오프라 윈프리는 텔레비전계의 살아 있는 전설이다. 그녀는 이 분야에서 가장 유명할 뿐 아니라 가장 많은 부를 축적한 여성이다.

-로이 G. 윌리엄스 리더십교과서-

권한은 이양하고 책임은 자신이 지는 모습이 바로 존경받는 리더의 모습이다.

　훌륭한 리더들이 가지고 있는 공통적인 3가지 특성은 진정성이 있고, 사람들로부터 최고를 이끌어 내며, 피드백에 수용적인 태도를 갖고 있다는 것이다. 이러한 특성들은 리더십을 구축할 때 개인적으로 좋은 평판을 얻고 팀의 성과를 향상시키며 모두가 같이 일하고 싶은 리더로서 자리 잡는다.

　아이젠하워 장군이 미국의 34대 대통령으로 취임한 후 기자들과의 간담회에서 있었던 유명한 일화이다. 어떤 기자가 질문하기를 "장군님은 리더십이 뛰어나신 걸로 정평이 나 있던데 그 리더십이란 도대체 무엇입니까"라고 대통령에게 질문을 하자 그는 실 하나를 테이블 위에 올려놓고는 "자, 뒤에서 이 실을 밀어 보세요!"라고 하였다. 그러자 기자가 실을 밀었고, 실은 구부러질 뿐 밀려가지 않았다. 그러자 그는 아무 말 없이 실 끝자락을 가볍게 잡아 당겼다. 실은 바르게 그에게로 끌려 왔다. 그때 대통령이 말하기를 "리더십이란 이런 겁니다. 누구나 앞에서 솔선수범하면 따라 오게 되어 있습니다." "실을 앞에서 당기면 전체가 끌려오지만, 뒤에서 밀면 실이 앞으로 나아가지 않고 흐트러집니다."라고 리더십을 비유적으로 이야기 했다.

즉 리더는 앞장서서 달려야 하고 같이 고민하되 앞에서 지속적으로 비전을 제시하고 솔선수범해야 한다는 것이다. 훌륭한 리더는 실처럼 앞에서 이끌어 주며 솔선수범하는 자세를 갖추어 비전과 열정을 갖도록 하는 사람이다.

미국 장교들이 즐겨 사용하는 표현 중에 'First In, Last Out'이 있다. "장교는 위험한 지역에 가장 먼저 들어가고 맨 나중에 나온다."는 의미이다. 이것이 리더십의 알파와 오메가라고도 할 수 있다. 멜 깁슨이 주연한 영화에도 베트남 전쟁 당시 전투에 임하기 전, 대대장이 부하들에게 이렇게 말하는 장면이 나온다. "나는 여러분의 생명을 책임질 수는 없다. 하지만 나는 가장 먼저 들어가고 맨 나중에 나올 것이다. 우리는 반드시 조국에 돌아갈 것이다. 살아서든, 죽어서든"이라고 결의에 찬 연설을 한다.

'First In, Last Out!' 정말 의미심장한 표현이다.

4

3년만 버티기

　　언제나 어디를 가도 순탄한 곳은 없다. 어딘가에 복병이 꼭 숨겨져 있다. 직장에서 일을 하다 보면 벽에 부딪칠 일이 생긴다. 교회 사역이나 여느 직장이나 이해되지 않는 상사와, 싸가지 없는 동료, 월권하는 후배들이 있다. 이해가 되지 않는 부당한 상황들이 계속 일어날 때 너무 힘들어서 당장 때려 치고 떠나고 싶다. 나 역시 적응이 되지 않아서 하던 일을 내려놓고 떠나고 싶은 때가 있었다. 그런데 그 순간 이런 생각이 드는 것이다. '여기서 내가 이 일을 때려 친다면 이유야 어떻든 간에 나는 패잔병일 수밖에 없지 않은가?'

나는 패잔병은 되고 싶지 않았다. 그래서 나를 힘들게 하고, 이해하지 못하는 그 상황을 받아들이기로 작정했다. 나를 부당하게 하고 힘들게 하는 그 상황을 그대로 인정은 하되 내 마음에 적용은 시키지 않겠다는 것이다. 상대가 하는 행동은 오직 상대에게 속해 있을 뿐, 나는 비합리적인 것에 대해 불편한 마음으로 반응하지 않기로 했다. 내 마음을 이렇게 정리했을 뿐인데 나는 놀랍도록 자유하고 편안했다. 결국 힘들다는 문제는 '상대가 내게 끼치는 영향력'이 아니라 그의 영향에 반응하는 나 자신의 '마음의 태도'였던 것이다. 이렇게 마음을 정리하고 나니 나는 불편한 상황 속에서도 놀랍도록 자유로워졌다.

사람의 마음이 길을 만들어 준다. 길이 없는 것 같이 막막했는데, 긍정의 마음을 선택하니 길이 보인다. 그리고 그 길로 걸어가니 길이 계속 보인다. 패잔병이 아닌 승리자로 살아가는 방법은 마음의 선택에 달려 있었다. 시편 18편 29절은 말한다. "내가 주를 의뢰하고 적군을 향해 달리며 내 하나님을 의지하고 담을 뛰어 넘나이다."

잠언 4장 23절은 말한다. "모든 지킬 만한 것 중에 더욱 네 마음을 지키라 생명의 근원이 이에서 남이니라." 모든 일은 마음의 문제이다. 속담에 이런 말이 있다. "오래 달려봐야 말의 힘을 알고 오래 지나야 사람의 마음을 알 수 있다." 직장에서, 또는 어느 그룹에서 일을 시작했다면, 적어도 3년간은 버텨 볼 것을 나는 제안한다.

3년의 의미는 무엇일까? 기업에서 가장 유효한 계획은 3년간의 계획이라고 한다. 우리 속담에 "서당 개 3년이면 풍월을 읊는다."고 했다. 중학교 과정도 3년이고 고등학교 과정도 3년이다. 최소 세 사람이 모이면 집단의 힘이 생긴다고 한다. 스티븐잡스나 버락오바마도 연설할 때 3의 힘을 사용했다고 한다. 성경에도 3년이 여러 번 나온다. 요나가 물고기 배 속에 머문 기간도 3일, 이스라엘 백성에게 3 년간의 기근이 있었고, 예수 그리스도도 3일 만에 부활하셨다. 3번 행동을 반복하는 것을 결정적이라고 한다. 엘리야도 죽은 아이의 몸에 3번 엎드리며 기도했다.

레위기 19장 23절에는 "너희가 그 땅에 들어가 각종 과목을 심거든 그 열매는 아직 할례 받지 못한 것으로 여기되 곧 삼 년 동안 너희는 그것을 할례 받지 못한 것으로 여겨 먹지 말 것이요"라는 내용이 나온다. 여기에 삼 년이라는 말이 나온다. 3년은 토양의 체질이 변하는 기간이라고 한다.

예전에 친정 부모들은 시집가는 딸에게 "벙어리 3년, 귀머거리 3년, 장님 3년으로 살라"고 당부를 했다고 한다. 3년만 잘 버티면 된다는 의미가 아닐까 싶다. 3년은 어떤 조직을 온전히 파악하고 적응하는데 걸리는 시간이다. 직장이든 학업이든 3년은 일단 버텨보자. 그러면 승부가 날 것이다. 직장에서, 또는 교회 사역을 시작했다면 그 곳이 좋던 좋지 않던 간에 3년만 버텨 보라고 말하고 싶다. 3년은 고비를 넘기는 기간이다. 사업을 시작한 사람들에게 "한 3년을 잘 버티니 기회가 오더라."라는 말을 들어본 적이 있다.

퇴사를 고민하는 1-2년차 사원들이 가장 많이 듣는 말 중의 하나도 "3년만 좀 버텨봐라"라고 한다. 이직을 위해서 경력을 인정받으려면 3년은 되어야 하기 때문이다. 3년이 지나면 승진을 할 수도 있고, 만약 승진을 하지 못한다 해도 3년간의 경험이 건강한 직장인의 근육을 형성한다. 3년을 다니면 신입사원 때는 미처 보이지 않던 것들이 보이기 시작한다고 한다.

다니던 회사에서 퇴직하고 싶을 때 "돈 받고 좋은 경험한다"라고 생각하면 훨씬 마음이 편해진다고 누군가 이야기했다. 패잔병은 되지 말자. 3년만 버티자. 3년간의 좋은 경험이 다음 발걸음을 열어줄 것이다. 오늘은 어제의 결과이고 내일은 오늘의 결과라는 말이 있다. 결국 오늘 내가 하는 모든 것들은 내일 나의 모습을 결정하는 것이다. 3년간의 경험과 인내의 시간들이 소멸되는 시간이 아닌, 내일을 위한 씨앗을 심는 일이라고 생각한다면, 오늘의 고난을 극복할 수 있다.

인생은 광야의 연속이다. 그러나 두려워하지 않아도 될 것은, 광야는 영원히 거할 곳이 아니기 때문이다. 광야는 지나가는 곳이다. "이 또한 지나가리라"라는 말처럼 곧 지나갈 곳이기 때문에 두려워하지 않아도 된다.

"네 하나님 여호와께서 이 사십 년 동안 너로 광야의 길을 걷게 하신 것을 기억하라 이는 너를 낮추시며 너를 시험하사 네 마음이 어떠한지 그 명령을 지키는지 아니 지키는지 알려 하심이라 너를 낮추시며 너로 주리게 하시며 또 너로 알지 못하여 네 열조도 알지 못하던 만나를 네게 먹이신 것은 사람이 떡으로만 사는 것이 아니요 여호와의 입에서 나오는 모든 말씀으로 사는 줄을 너로 알게 하려 하심이니라(신 8:2,3)." 광야는 주님과의 연애 장소이다. 주님 손 놓고는 잠시도 살 수 없는 곳이기 때문이다. 그동안 자신이 의지했던 것들을 철저히 내려놓고 자신을 부정하는 곳이 광야이다.

직장에서 버티기 힘들 때, 당장 사표를 내고 싶은 마음이 굴뚝같이 생길 때, 광야를 지나고 있음을 기억하자. '광야를 지나며'란 가사를 묵상해 보는 새해 아침이다.

"왜 나를 깊은 어둠속에 홀로 두시는지 어두운 밤은 왜 그리 길었는지 나를 고독하게, 나를 낮아지게 세상 어디도 기댈

곳이 없게 하셨네. 광야, 광야에 서있네.

　주님만 내 도움이 되시고 주님만 내 빛이 되시는, 주님만 내 친구 되시는 광야 주님 손 놓고는 단 하루도 살 수 없는 곳 광야. 광야에 서있네."

　인생의 고비를 만날 때, 다니던 직장에서 사표를 내고 싶을 때, 하던 일을, 또는 가던 길을 멈추고 싶을 때, 이 말을 기억해보자. "패잔병은 될 수 없다." "3년만 버텨보자."

5

날마다 나를 심방하라

 사역을 하면서 학자의 혀를 달라고 늘 기도했다. 내 사무실 앞에는 이사야 50장 4절 말씀이 붙어 있다. "주 여호와께서 학자들의 혀를 내게 주사 나로 곤고한 자를 말로 어떻게 도와 줄 줄을 알게 하시고 아침마다 깨우치시되 나의 귀를 깨우치사 학자들같이 알아듣게 하시도다." 여기에 나오는 '학자의 혀'의 의미는 익숙한, 가르침을 받는 자를 의미한다. 교회를 섬기는 일을 하다 보면 주로 말을 해야 하는 상황이 많아지게 된다. 그러나 심방을 자주 하는 나는 한 가지 주의하는 것이 하나 있다. 심방을 갔을 때, 주로 말을 하기 보다는 듣는 것에 집중하려고 노력한다.

나는 심방 사역을 하면서 주로 환자들의 심방에 온 힘을 쏟았다. 특히 수술하는 환자들은 새벽기도를 마치고 곧바로 심방을 간다. 수술하기 전에 기도를 해 드리기 위해서이다. 세월이 지나고 보니 가장 힘든 시간, 고난의 시간에 찾아간 심방은 반드시 열매를 맺었다. 사람들은 대체적으로 힘들고 어려운 상황을 만나면 마음이 낮아지고 겸손해진다. 그래서 고난이나 질병을 당한 시간은 심방을 할 골든타임이다. 이 시간을 놓치지 말아야 한다. 이 때 하나님의 사랑을 보여주면, 쉽게 감동받고, 믿음이 생긴다. 고난을 당할 때 마음이 낮아져 있기 때문이다. 은혜는 이처럼 낮은 마음에 임한다.

심방의 한자어 뜻을 찾아보니 심은 찾을 심(尋), 그리고 물을 방(訪)이다. 심은 "찾다", "생각하다." 방은 "찾다", "구하다", "방문하다"라는 뜻을 가지고 있다. 심방은 언제부터 시작되었을까? 성경에 그 답이 있다. 맨 처음 심방은 하나님 아버지께서 친히 육신의 몸을 입으시고 인간을 찾아오신 사건이다. 그리고 성경 곳곳에 예수 그리스도께서 친히 심방하신 사건들이 여러 곳에 나온다. 베드로의 장모가 열병에 걸렸을 때(막 1:29-34), 죽은 나사로의 집을 방문하신 사건(요 11:11-44) 등 어려움을 당한 가정을 찾아오신 이야기가 성경에 있다.

하나님께서는 죄에 빠져 동산 깊숙이 숨어 두려워 떨고 있는 아담에게 찾아가셨다(창 3:9). 동생 아벨을 돌로 쳐 죽인 가인에게도 찾아가셨다(창 4:6). 사래의 핍박을 피해 도망하는 여종 하갈에게도 하나님께서 찾아 가셨다(창 16:8-9). 이 밖에도 성경 속의 헤아릴 수 없는 많은 사람들이 하나님의 방문을 받았다. 예수께서는 죄인 된 인류를 친히 찾아오셨고, 성령께서는 믿는 자들의 영혼 깊숙이 찾아 오셨다.

잠언 27장 23절에도 "네 양 떼의 형편을 부지런히 살피며 네 소 떼에게 마음을 두라"라는 말씀이 나온다. 심방은 성도들을 향한 깊은 관심 속에 이루어지고 관계를 더욱 결속시킨다. 대중 속에서의 한 사람이 아니라 일대 일로서 삶을 나눌 수 있는 기회가 되기도 한다. 요즘은 시대의 흐름에 따라서 직접 찾아가는 심방뿐만 아니라 전화 또는 SNS를 이용하여 심방을 하기도 한다. 어떠한 방법으로 심방을 하든, 심방의 목적은 위로와 격려에 있다.

심방에 있어서 나는 한 가지 제안할 것이 있다. 내 주변의 지체들을 심방해야 하지만, 그와 더불어서 날마다 본인 자신을 심방하라는 것이다. 날마다 자신을 돌아보며 스스로의 영적상태가 건강할 때만이 진정으로 타인을 심방할 수 있기 때문이다. 비행기에 탑승하면 출발하기 직전 보여주는 영상이 하나 있다. 부모와 자녀가 탑승한 상태에서 긴급한 상황을 만나 산소호흡기를 착용해야 할 경우가 생긴다면, 부모가 먼저 산소호흡기를 착용한 후, 아이에게 산소호흡기를 착용시키라는 안내이다. 그렇게 해야 부모와 자녀가 다 안전할 수 있다. 이는 마치 건강한 사람이라야 환자를 돌볼 수 있다는 이치이다. 건강한 사람이 환자를 돌보는 것이 쉽지, 환자가 환자를 돌보는 것은 어려운 일이다.

나 자신을 날마다 심방하고 돌아보며 영적 건강을 유지해야만, 타인의 영적 상태를 돌볼 수 있다. 스스로를 돌아보며 영적 상태를 점검하자. 매일 매일 나 자신을 먼저 돌아보자.

'지금 당신이 너무나 힘들다면' 이란 좋은 글이 있어서 이곳에 올려본다.

지금 당신이 너무나 힘들다면

지금 당신이 너무나 힘들다면
지금 많이 힘들다면
그것은 당신이 목적지에 가까이 왔다는 말입니다.

지금 너무 괴롭다면 그것은 새로운 성숙의 삶이
시작되고 있다는 의미입니다.

지금 흐른 눈물이 뜨겁다면 이제는 슬픔이
아물고 있다는 신호입니다.

지금 마음이 어두워 아무것도 보이지 않는다면
빛이 가까이 왔다는 소식입니다.

지금 누군가가 미워 생각하기도 싫다면
그것은 그를 사랑하게 되리라는 속삭임입니다.

지금 삶이 지루하다면 이제는 흔들리지 않고
제대로 살 수 있다는 마음의 여유입니다.

지금 누군가가 보고 싶어 늘 눈에 밟힌다면
이제는 그를 보낼 때가 되었다는 충고입니다.

-좋은생각-

제6장

새 시대, 새로운 리더로 태어날 당신!

소통 안 되면 고통 | 여성 파워 | 믿음의 영웅들
네비게이션 은혜 | 길 없는 곳으로 나아가는 환희

1

소통
안 되면 고통

 서로 다른 환경에서 자랐고 기질이 다른 두 남녀가 만나서 한 가정을 이루는 것이 결혼이다. 모든 연인들이 그랬겠지만, 연애를 할 때 만나면 헤어지기 싫고, 늘 같이 있고 싶어서 결혼을 한다고 한다. 우리 부부도 그랬다. 사랑은 '함께하고 싶은 것'이다. 그런데 30여 년 결혼생활을 하면서 깨달은 것이 있다. 한 번의 사랑의 감정이 평생 지속되지 않는다. 진정한 사랑이란 나무를 가꾸듯 꾸준히 물과 거름을 주며 가꾸어야 하는 것이다. 사랑은 두 사람의 수고와 희생 속에서 자라나는 나무인 것이다.

결혼 초기에 우린 정말 많이도 다퉜다. 나는 부부싸움을 한 후 너무 감정이 상해서 어린 아이를 들쳐 업고 뛰쳐나간 적도 있었다. 어떤 때는 마음이 몹시 상해서 아이는 두고 혼자서 정처 없이 걸었던 적도 있었다. 그런데 집을 나간다고 해결되는 것이 아니었다. 마음이 상해서 집을 나서면 누군가를 만나도 마음이 편치 않고 기분이 나지 않았다. 기도원에 가서 하루 종일 시간을 보내다 어둑어둑할 때쯤 집으로 돌아온 적도 있었다.

그 다음엔 꾀가 생겨서 아무리 다퉈도 집 밖으로 나가지 않았다. 다투고 나가 봤자 마음이 불편해서 어디를 가도 기분이 나지 않는 것을 경험했기 때문에 기분이 언짢아도 그냥 집에서 버텼다. 부부싸움을 해도 남편 밥은 꼭 챙겨 주라는 선배들의 조언을 들은 후에는 기분이 좀 좋지 않아도 일단 남편 밥을 챙겨 주었던 기억도 있다.

30여년 부부생활을 하다 보니 이젠 다툴 일보다는 이해할 일이 더 많아졌다. 신혼 초에 우리 부부는 소통이 잘 안되었기 때문에 많이 부딪친 것 같다. '소통이 안 되면 고통'이라고 한다. 서로 간에 마음의 언어를 잘 파악하지 못했기 때문에 서로를 힘들게 했던 것이다. 육아를 할 때도 마찬가지다. 서로 간에 일치되지 않은 육아에 대한 태도 때문에 트러블이 있기도 했다. 우리 부부는 서로의 가치관과 생각과 기질 등이 달라도 너무 달랐다.

그러나 지금은 그렇지 않다. 30여 년을 함께 먹고, 자고, 생활하다 보니 이젠 나와 남편의 가치관과 생각이 많이 비슷해졌다. 서로의 눈빛만 봐도 기분이나 생각을 대충 알아차린다. 오래 함께 살다보니, 오래된 친구같이 함께 늙어가는 기쁨이 있다. 내가 좀 부족해도, 내가 좀 실수해도 무조건 내 편이 되어주는 남편이 있어서 행복하다. 이 세상에서 가장 아름다운 것 중의 한 가지는 '부부가 함께 닮으면서 늙어가는 것'이라고 말하고 싶다. 어떤 책에서 이런 내용을 본 적이 있다. "인생의 궁극적인 성공이란 당신의 배우자가 해가 갈수록 당신을 더욱 좋아하고 존경하는 것이다."

우리가 인생을 살아가면서 발생하는 많은 대부분의 문제들은 관계에서 비롯된다. 서로 간에 소통이 이뤄져야 하는데 그렇지 못해 문제가 생기는 것이다. 아름다운 대화법의 핵심 키워드는 공감과 경청이다. 성경 많은 곳에서도 말의 중요성을 이야기한다. 우리가 내 뱉은 말은 한마디도 우리에게 속하지 않았고, 하나님께 속해 있다. 말은 소통하시는 하나님이 당신의 목적을 이루기 위해 우리에게 주신 가장 강력한 선물인 것이다. 말은 한마디도 중립적이지 않다. 모든 말(언어)은 방향이 있다. 말(언어)은 생명을 주기도 하고 죽음을 초래하기도 한다.

고등 동물일수록 함께 모여서 산다고 한다. 하나님은 인간에게 큰 뇌를 주셨다. 바른 대화기술, 원활한 소통을 하는 사람의 뇌는 건강해진다는 통계가 있다. 긍정적인 말은 치매 및 정신적 육체적 질환을 예방한다고 한다. 또한 언어를 잘 관리하는 사람의 뇌는 건강해진다는 보고도 있다.

대화의 모범을 보이신 분은 예수님이시다. 누가복음 10장

38-42절에 나오는 내용이다. 음식준비로 바쁜 마리아가 자신의 일을 돕지 않는 동생 마리아에 대해 마음에 불평이 생겼다. 그래서 예수님께 요청한다. "주여 내 동생이 나 혼자 일하게 두는 것을 생각하지 아니하시나이까? 그를 명하사 나를 도와주라 하소서"(눅 10:41)

예수께서 이렇게 대답하셨다. "마르다야 마르다야, 네가 많은 일로 염려하고 근심하나(눅 10:41) 예수님은 마르다의 이야기를 잘 들으신 후, 마르다의 상황과 심정을 공감하는 말로 마르다를 연거푸 두 번 부르셨다. 그리고 자신의 마음을 전달하셨다. "몇 가지만 하든지 혹은 한 가지만이라도 족하니라 마리아는 이 좋은 편을 택하였으니 빼앗기지 아니하리라 하시니라"(눅 10:42).

미국 아이비리그 대학에서는 진정한 지도자의 자질을 가진 학생들을 선발한다. 학생들의 입학원서에는 인성에 관한 부분이 포함되어 있다. 그들이 찾는 지도자의 자질은 남을 위해서 일할 수 있는 능력, 공감 능력, 남을 돕는 능력 등이라고 한다. 소통에는 배려, 존중, 동정(sympathy), 공감(empathy), 용

납, 이해 등이 있다. 거울신경세포(mirror neuron)라는 것이 있는데, 인간이 어떤 행위를 할 때 뇌신경세포는 그 행위를 보면서 동일한 뇌세포가 활성화 된다는 이론이다.

이천년 전에 예수님이 주로 보여 주셨던 공감(empathy) 대화법은 먼저 상대방의 입장이 되어 보는 것이다. 공감 반응을 사용하면 의사소통이 용이해진다. 그것은 상대방이 어떠한 말을 하든지 상관없이 상대방 입장에서 말을 하는 방법이다. 공감 기술이 없이는 상대방의 상처를 어루만질 수 없다. 즉 공감은 상대의 마음에 동참하는 것으로서 상대의 슬픔을 덜어주는 강력한 힘을 가지고 있다. "즐거워하는 자들과 함께 즐거워하고 우는 자들과 함께 울라"(롬 12:15)고 성경은 말한다. 나사로의 죽음 앞에서 누이들과 함께 슬퍼하신 예수님은 그들의 슬픔에 공감하셨다.

공감은 상대방의 말에 존중하는 대화방식이다. 내가 어떻게 반응하는가에 따라서 상대의 마음은 하늘과 땅 사이를 오가게 된다. 공감은 인간 내면을 긍정적으로 움직이고, 상처를 치유하는 강력한 사랑의 대화 기술이다. 공감은 존중, 신뢰,

사랑의 표현이다. 상대의 말을 경청하면서 토 달지 말고 비판하지 않으며 "그래요." "그렇군요" 등으로 수긍하는 것을 말한다.

공감은 내가 이해할 수 있을 때만 하는 것이 아니다. 그저 상대의 마음에 동참해서 알아주려고 노력하는 것이다. 공감하는 말은 간단히, 짧게 해야 효과적이다. 말을 많이 하다보면 충고를 하거나 원하지 않는 답을 줄 수 있어 상대의 마음에 상처를 줄 수 있다.

공감을 할 때는 상대방의 입에서 나온 키 워드를 찾는다. 즉 상대방의 말을 가감 없이 가져왔다가 그대로 되돌려 말하는 방법이다. 관계 속에서 소통이 안 되면 고통이다. 고통에서 소통으로 옮겨 가는 키워드인 '공감의 사람'을 이 시대는 절실히 필요로 한다.

부모, 자녀 간의 공감 대화법 예문

1. 자녀: "엄마가 잔소리를 너무 하니까
   집에 오고 싶지 않아."
   부모: "그래? 집에 오기 싫구나.
   엄마 잔소리가 싫구나."

2. 자녀: "엄마 왜 점심 안 갖다 줬어?
   배가 너무 고파서 아무것도 못했어."
   부모: "점심을 못 먹어서 배고프고 힘들었겠구나."

3. 자녀: "숙제가 너무 많아서, 학교 가기 싫어요.
   밥 먹기도 싫고요."
   부모: 우리 딸(아들)이
   "숙제가 너무 많아서 힘들구나. 입맛도 없고."

2

여성 파워

　　심방, 행정사역으로 섬기던 교회가 창
립 50주년이 되었다. 창립 50주년 행사를 준비하면서 20년
이상 교회를 섬겨온 성도님들에게 감사패를 증정하기로 했
다. 약 30여명 정도의 성도들의 명단이 파악되었다. 그리고
30년 이상 섬겨온 성도들도 있었다. 50여 년 동안 교역자는
수없이 많이 바뀌었지만 거의 반세기를 한결같이 한 교회를
섬겨온 성도들이 있었던 것이다. 천국은 바로 그 분들의 것이
라는 생각을 했다. 그런데 또 나를 감동시킨 사실이 하나 더
있었다. 그 명단 속에 남자는 오직 한 명이었고 그 외에는 다
여성이었다는 점이다. 긴긴 세월을 오직 한 교회를 섬기며 교
회를 지켜온 여성 파워에 감동했다. 유일한 한 분 남자 분이

있었는데, 30여년 꾸준히 교회를 섬기고 지켜온 권사님의 남편이었다.

새벽예배 때도, 주일날 애찬을 만드는 주방에 가 보아도 여자의 비율이 월등히 많다. 인류역사의 큰 획을 긋는 예수님의 세 가지 큰 사건에는 여성들이 함께하였다. 예수님의 탄생, 십자가에서의 죽으심, 부활하심의 세 가지 위대한 사건에 여성이 등장한다. 예수님 탄생 사건에서 성령으로 잉태된 믿음의 어머니 마리아, 예수님이 십자가에 달려 돌아가실 때 그 자리를 끝까지 지킨 사람도 여자였고, 예수님의 무덤에 처음 찾아간 세 명의 사람들도 여성이다. 예수님 무덤을 찾아간 세 여인은 막달라 마리아, 요안나, 야고보의 모친 마리아(눅 24:10)였음이 성경에 나온다.

여자는 남자를 돕는 배필로 지어졌다. 여기서 '돕는다'는 단어의 히브리어 어원을 살펴보면 하나님이 우리를 도우신다 할 때 쓰는 '돕다'와 그 어원이 같은 것을 볼 수 있다. 이처럼 여자는 남자를 돕는다. 이는 마치 하나님이 우리를 도우

셔야 우리가 살 수 있듯이, 남자도 여자의 도움을 받아야 살수 있다는 뜻도 된다. 남성과 여성은 서로 돕고 존중할 때 아름답게 연합된다. 마치 오케스트라의 악기가 함께 소리를 내다가도 한 악기가 소리를 내면 다른 악기가 조금 쉬어 주듯이 여성과 남성이 함께 소리를 내다가 서로의 자리를 내어주는 것이 진정한 리더십이다. 그것은 악보를 존중하기 때문이고, 그 곡을 만든 작곡가를 존중하기 때문이다. -류호준- 하나님이 창조하신 남성과 여성이 서로 합력하다가 서로 자리를 내어주는 모습이 아름답다. 이러한 모습이 교회 내에서도 일어나야 한다. 이것은 남자와 여자를 독특하게 창조하신 하나님의 섭리에 순응하는 것이다.

수많은 한국 교회들이 있는데, 그 교회들을 든든히 지켜온 힘은 여성 파워인 것을 알 수 있다. 힘겹게 헌신한 그 분들의 수고가 오늘날 한국교회를 이끌었다. 가정을 세우는 든든한 힘도 마찬가지다. 여자는 약하지만 어머니는 강하다는 말도 있다. 교회뿐만이 아니라 일반 기업에서도 여성의 역량이 발휘되고 있다.

가장 견실하고 대표적인 500대 기업 중에서 83%가 여성이 부사장이거나 그 이상의 지위에 있다. 즉 성공적인 기업, 성장하는 기업들은 갈수록 능력 있는 여성들의 재능을 높이 평가하고 인정하고 활용하고 있다는 점을 주목하라. 교회에서도 쇠퇴해가는 현대 교회 속에서 두각을 나타내는 교회들에는 뛰어난 여성 사역자들이 큰 역할을 하고 있음을 볼 수 있다

- '여성이여 영원하라' 68쪽에서-

우리 모두는 하나님께서 자신의 나라 확장을 위해 자신의 양손(남자와 여자) 모두를 사용하고 싶어 하신다는 사실을 알고 있다. 날개 하나로 나는 것보다는 두 날개로 나는 것이 효율적이고 좋고 아름답고 멋지다.

- 류호준 -

딸만 2명을 둔 어떤 젊은 아빠가 처음 교회에 나온 날 공교롭게도 그날 설교 본문이 "아들이 있는 자에게는 생명이 있고 하나님의 아들이 없는 자에게는 생명이 없느니라"(요일 5:12절)라는 본문이었다. 그 본문을 보고 젊은 아빠는 마음이 상해서 교회를 떠났고, 다시는 교회에 나오지 않았다는 우스갯말이 있다.

갈라디아서 3장 28절은 "너희는 유대인이나 헬라인이나 종이나 자유인이나 남자나 여자나 다 그리스도 예수 안에서 하나이니라"고 말씀하고 있다. 그리스도로 옷 입은 자들은 더 이상 유대인이나 헬라인이나 종이나 자유인이나 남자나 여자의 구분이 없다. 그리스도로 옷 입은 자들은 하나가 된다. 사회적으로 가난한 자, 약한 자를 해방시키고 그 무거운 멍에에서 벗어나도록 하는 것이 하나님의 뜻이다. 공공의 안녕과 평안을 지향하는 공동체가 되어야 한다.

남자와 여자 모두는 함께 하나님의 일을 하도록 부름 받은 청지기이다. 하나님을 섬기는데 있어서 인종이나, 신분이나, 나이나 성별의 차이가 필요하지 않다. 인류의 절반, 교인 중의 대다수를 차지하고 있는 여성을 격려해야 한다. 기독교가 한국에 들어와서 가정 먼저 학교와 병원을 세웠다. 제일 빨리 개화가 시작된 곳이 교회였다. 그러나 아이러니하게도 가장 늦게 까지 남녀 차별이 허용되고 있는 곳도 교회이다. 여성 리더십이 세계 곳곳에서 자연스럽게 부각되고 있음에도 불구하고 아직까지 여성 안수를 허용하지 않는 등 복음의 전 세계 확산에 지장을 초래하고 있다. 남자나 여자나 하나님이 주신 고유한 직분에 충실하고 주신 은사대로 사역할 때 복음이 온 세상에 전파되어질 것이다.

초창기 기독교가 이 땅에 들어왔을 때 이름도 없이 빛도 없이 사역해온 여성 사역자들이 있었다. 전체 선교사의 70%가 여성이었음에도 그들이 제대로 조명 받지 못했다. 그러나 그들이 남기고 간 사역들은 한국교회의 초석을 마련했다고 해도 과언이 아니다. "요람을 흔드는 손이 세계를 지배한다."

조선 선교가 시작된 1884년부터 1945년까지 이 땅을 찾은 선교사는 모두 1529명. 이중 여성 선교사는 1114명으로 70%를 차지한다. 여성 선교사의 활약 분야는 교육기관(45.4%), 사경회 및 성경학교(32.8%), 의료기관(19.4%), 복지시설(7%) 등이다. 여 선교사들은 주부 또는 전문직업인으로 조선에 들어와 교육과 의료사업을 통해 남성뿐만 아니라 조선 여성들의 의식 구조와 생활의 변화를 가져왔다. 홀의 제자인 박에스더는 한국 최초의 여의사이다. 스크랜턴의 양녀인 여메리는 여성교육에 앞장서, 근대 여성 지도자가 됐다. 또한 성경공부 등 교육을 통해 한국교회 성장의 초석을 마련했다. 여성 선교사가 한국 여성에게 끼친 영향은 크다. 하지만 남성 선교사에 비해 거의 조명을 받지 못했다.

[출처] – 국민일보

남성과 달리 독특한 감성지능을 부여받은 여성, 여성 파워를 재조명하는 일은 하나님의 창조의 완성이며 복음이 온 세상에 확산되도록 하는 첩경이 될 것이다.

영국의 유명한 설교가 스펄전 목사가 런던의 메트로폴리탄 교회에서 목회할 때의 이야기다. 교인 중에 노인 권사님이 있었는데, 그 권사님은 주일날 교회에 나와 주보를 가지고 가서 새로 등록한 초신자와 공동체 기도제목을 놓고 하나님 앞에 기도를 쉬지 않았다고 한다. 그야말로 이름도 없이 빛도 없이 평생 기도하며 살았다.

이 권사님이 세상을 떠났을 때 스펄전 목사님은 장례식에서 "이 권사님이야말로 나의 가장 훌륭한 동역자였습니다." 라고 증거하였다. 주의 종을 위해, 새 신자를 위해, 교회사역을 위해 기도하는 것은 가장 큰 동역이다.

여성은 리더의 자질을 품고 태어난다. 여성은 자궁이 있어서 생명을 품고 키우고 출산하는 능력을 부여받았다. 여성은 약하지만 어머니는 강하다는 말이 있다. 어머니는 리더이다. 어머니는 자녀를 번쩍 들어 업고 위기의 상황도 잘 이겨내는 강인함과 동시에 섬세한 리더십을 소유하고 있다.

"리더십은 권위가 아니라 영향력이다"라는 말이 있다. 유대인들은 부모 중에서 엄마가 유대인 일 때 유대인으로 인정한다. 이는 어머니의 영향력에 대한 인정이다. "여성의 적은 여성"이라는 말이 있다. 그러나 갤럽조사에 의하면 여성 임원의 80% 이상의 성공한 여성들은 "자신들의 후배가 성공할 수 있도록 도와야 한다."고 대답했다고 한다. 그들은 여성 간의 네트워킹(Networking)을 통해 다른 여성들을 돕고 있다. 즉 성공한 여성 선배들은 여성 후배들을 도와줄 마음이 열려 있다. 여성 파워, 여성 리더십이 새롭게 조명되어야 할 2019년이다.

3

믿음의
영웅들

　　얼마 전 교회에서 나이 60세가 채 안
된 교우의 장례를 맞게 되었다. 평소 지병으로 인해 녹록치
않은 삶을 살아 왔는데, 그 수고를 덜어주기라도 하듯 천국의
부르심을 받았다. 처음에는 많이 당황스러웠다. 왜냐하면 그
가정에는 90세가 넘은 노모가 함께 거주하고 있었기 때문이
다. 그러나 삶과 죽음이 우리의 영역 안에 있지 않기에 부르
신 순서에 대해서는 아무도 이의를 제기할 수 없었다.

　　그의 마지막 모습을 본 것은 성가대 칸타타 리허설에서였

다. 주일 예배를 모두 마친 시간에 예수님 탄생을 축하하는 성탄칸타타 리허설이 예배당에서 있었다. 최선을 다해 칸타타를 연습하고 계단을 내려오던 고인의 모습이 내가 기억하는 고인의 마지막 모습이다. 좀 지쳐 보이기는 했지만 행복한 표정으로 계단을 내려오던 그 분의 눈빛이 내 기억 속에 남아 있다. 그날 밤 그녀는 중환자실에 입원해서 끝내는 일어나지 못하고 하나님의 부르심을 받았다. 우리 인간은 이 땅에 태어날 때 모두에게 주신 독특한 사명이 있다. 그 사명이 다하면 우리는 본향으로 돌아간다. 이 땅은 오직 나그네 인생인 우리가 잠시 거쳐서 가는 곳이다.

모든 일의 시작과 끝은 매우 중요하다. 인생의 시작과 끝 그 시간은 오직 하나님이 정하신다. 그 중에서 태어날 때는 우리의 의지와 상관없이 태어난다. 인생의 끝도 그 시간은 우리가 정할 수 없다. 하지만 인생의 끝에 할 일은 우리가 선택할 수 있다. 언제나 최선을 다하여 믿음 안에 살아가는 인생이 된다면 부르심의 날이 복된 날일 수 있다. 이 땅에서 의식 있는 가장 마지막 날을 예수님 탄생을 축하하는 찬양하는 자리에 있었다는 것. 이것이 얼마나 복된 인생인가. 마치 "그는 흥하여야 하겠고, 나는 쇠하여야 하리라"라고 고백하던 세례 요한의 고백처럼 말이다.

중환자실에 입원했을 때 두 남매는 매일 밤을 병원에서 보냈다. 그리고 매일매일 병원에 들러서 두 남매를 위로하던 교회공동체 멤버가 있었다. 낮에는 직장에 가고 밤에는 병원에 들러서 남매의 식사와 건강을 챙겨 주었던 정 집사님, 그리고 중환자실을 지키는 남매를 위해 매일 병원에 들러 남매를 보살피는 아름다운 청년… 장례식이 치러질 때도 일선에서 음식과 모든 절차를 순조롭게 처리하며 도움을 주던 교회 지체들의 모습은 마치 한 가족이나 다름없었다. 비단 피를 나누지 않아도 이렇게 '주 안에서 한 가족'이 될 수 있다는 것이 참으로 아름답고 귀했다.

남겨진 두 남매에게 엄마를 잃은 슬픔이 작지 않았지만, 이 땅에서의 사명을 다 감당하고 천국의 부르심을 받았다는 확신으로 당당하고 야무지게 장례를 잘 치러냈다. 부모가 되어 자녀를 낳고 이 땅을 떠날 때 과연 부모는 자녀에게 무엇을 남기고 가야 하는지를 명확하게 보여 주고, 깨닫게 하는 시간이었다. 믿음의 어머니는 두 자녀를 믿음 안에서 당당히 서게 했고, 본을 보여 주었다. 우리 모두가 의지할 대상은 그 누구도 아닌 오직 하나님뿐이라는 교훈을 제대로 심어주고 떠난 것이다.

나는 고인의 첫 장례 예배를 인도하게 되었다. 순조롭게 모든 장례 절차를 다 마치고, 며칠 후 두 남매의 식사 초대를 받았다. 엄마를 천국에 파송하고 환하고 밝은 두 남매의 모습을 보며, 천국 영생을 확신하는 이들의 평안한 모습을 확인할 수 있었다. 우린 귀한 식사와 함께 삶에 대해 많은 대화를 나눴다. 헤어질 때 따뜻한 장갑을 선물로 내미는 그들에게 나는 너무 고마워서 말문이 막혔다. "엄마가 살아계실 때, 받은 은혜는 잊지 말라고 가르쳐 주셨어요."라고 말하던 두 남매의 맑은 눈빛을 잊을 수 없다. 엄마가 살아생전 평소 보여준 신앙의 모습을 닮은 남매는, 장례를 잘 마쳤다. 그리고 다시 일상으로 돌아왔다. 교회에서 본인들에게 맡겨진 사역들을 잘 감당하며 여전히 교회를 충성스럽게 섬기고 있다. 믿음의 열매를 보여준 멋진 남매. 그들이야말로 '믿음의 영웅'이라는 생각이 들었다. 그리고 부족한 내가 그들에게 조그만 위로라도 줄 수 있었던 것이 한없이 감사하고 행복했다.

고인은 살아생전 시간이 날 때마다 예배당의 기도실을 드나들며 기도의 삶을 멈추지 않았다. 기도 가운데 가족의 앞날을, 두 남매의 앞날을 주님께 부탁했을 것이다. 신실하신 주님께서 두 자녀를 친히 맡아주시길 간절히 기도했을 것이다. 1년 전 쓰러졌을 때, 1년만 더 생명을 연장해 달라는 기도를 드린 적이 있다고 한다. 그리고 1년간 야무지게 마지막 날을 준비했던 것이다.

그녀는 벅찬 일정들을 소화해 내며, 교회에 헌신하고 이웃들을 살폈다. 그리고 가장 비중을 많이 두었던 것은 두 자녀가 아니었을까? 엄마가 함께 있지 않아도 자신의 일들을 스스로 헤쳐갈 수 있도록 두 아이에게 당부하고 하나하나 아이들에게 가르쳐주며 끊임없이 기도했을 것이다. 고인은 하루

하루를 마지막 날처럼 살아낸 것이다. 그렇게 살다가 예상했던 대로 주님의 부르심을 받았던 것이다. 예배당에 항상 오래된 친구처럼 나란히 앉아 있던 모녀의 모습이 지금도 눈에 선하다.

　우린 이 땅에서 나그네 생활을 하지만, 언젠간 돌아갈 우리의 본향이 있다. 이 땅을 벗하고 살아가지만 우리가 가야할 천국을 바라보며 현실을 잘 이겨내는 이들이야말로 믿음의 영웅이다.

　언젠가는 천국에서 다 함께 만날 날을 고대하는 아름다운 사람들. 보이는 현실에 의지하지 않고 보이지 않는 그 나라를 바라보며 살아가는 멋진 인생들. 그들이야말로 믿음의 영웅들이다. 그들의 삶에 박수를 보낸다.

4

네비게이션
은혜

나는 길을 잘 잃어버린다. 사람들이
흔히 쓰는 표현으로 길눈이 어둡다. 한번 갔던 장소를 두 번
째 찾아갈 때에도 나는 늘 혼동이 되어 네비게이션을 틀고 다
닌다. 예전에는 차에 지도를 싣고 다니는 사람들이 많았다.
먼 길을 떠날 때, 모르는 길을 여행할 때 지도를 보면서 찾아
가곤 했기 때문이다. 그런데 요즘은 많이 달라졌다. 네비게이
션이 보편화 된 이후로는 지도를 보는 사람들은 극히 드물다.
네비게이션은 언제나 최적화 된 도로 길로 안내한다. 또한 막
히는 상황과 사고까지도 실시간으로 검색하여 세심하게 설

명해 주는 친절한 동반자이다.

　미국에서 공부할 때의 일이다. 나의 거처는 학교 기숙사였
고, 섬기던 교회는 차로 약 40km 정도 떨어진 장소에 위치해
있었다. 주일이 되어 새벽 이른 시간에 차를 몰고 교회를 향
해 출발했다. 그런데 그날따라 이상하게도, 네비게이션이 늘
안내하던 길이 아닌 다른 길로 자꾸만 안내를 하는 것이었다.
나는 본능적으로 늘 다니던 길로 계속 차를 몰았고, 네비게이
션은 포기하지도 않고 계속해서 다른 방향의 길로 가라고 반
복해서 안내를 했다.

　나는 예배 시간에 늦지 않으려는 마음에 '오늘 따라 네비
게이션이 왜 이럴까' 생각하며 늘 가던 길로 계속 달렸다. 약
10km 정도를 지나면서 '아하!' 비로서 나는 깨닫게 되었다.
대형 교통사고가 발생해서 고속도로 전체가 완전히 폐쇄되
어 있었다. 네비게이션이 이 상황을 미리 감지하였기에 다른
길로 안내를 했던 것이다. 모든 차량은 우회전을 해서 산을
넘어서 목적지까지 가야만 하는 상황이었다. 시간이 몇 배로

걸렸다. 그제서야 나는 늘 성실히 길을 안내하던 네비게이션의 말을 듣지 않은 것을 후회했다. 교회에 전화를 걸어서 늦게 도착할 것 같다고 미리 양해를 구했다. 그리고 결국 그날 예배 시간 전에 도착하지 못해 나는 1부 예배에 참석하지 못했었다.

네비게이션이 늘 가던 길을 안내하지 않음에는 이유가 있었던 것이다. 도로상황까지 수신 되는 네비게이션은 교통사고 상황까지도 인지하고 있었던 것이다. 이 네비게이션 덕분에 나는 난생 처음 가는 낯선 외국 땅에서도 교회 성도들을 심방하는 사역을 감당할 수 있었다. 생전 처음 가보는 장소를 찾아 갈 때에도 전혀 걱정할 필요가 없었다. 목적지를 치기만 하면 예상시간과 함께 최적화된 도로로 안내하는 네비게이션의 덕을 톡톡히 입었다. 네비게이션을 처음 발명한 사람에게 고맙다는 인사를 하고 싶을 정도로 나는 네비게이션의 수혜를 많이 입은 사람이다.

우리 인생길에도 네비게이션이 있다. 우리는 한치 앞의 일을 알 수 없는데, 하나님은 우리의 네비게이션이 되셔서 가야할 길들을 인도해 주신다. 때론 길을 잘못 들어설 때도 있다. 그럴 땐 잘못된 길로 가지 말라고 계속해서 사인을 주신다. 그리고 내 인생의 최적화된 길로 다시 인생의 경로를 인도해 주신다. 때로는 그 인도하심이 이해가 잘 안 될 때도 있다. 내가 가고 싶은 길과는 다른 엉뚱한 길로 인도하실 때도 있으니 말이다.

"그는 너희보다 먼저 그 길을 가시며 장막 칠 곳을 찾으시고 밤에는 불로, 낮에는 구름으로 너희가 갈 길을 지시하신 자이시니라(신 1:33). 그분은 우리보다 먼저 가셔서 갈 길을 지시하시는 분이시다. 주님이 정확한 인생길을 안내하신다. 그리고 마침내 우리를 천국까지 안전하게 인도하신다.

때론 하나님의 인도하심을 따르지 않고 내 맘대로, 가고 싶은 곳으로 내 멋대로 갈 때도 있다. 그러나 그럴 때마다 "경로를 이탈하셨습니다."라고 말하며 새로운 경로를 안내하는 네비게이션처럼 주님은 새로운 길을 안내해 주신다. 그 은혜가 아니었다면, 길을 잃어버린 미아처럼 살아갈 인생이었다. 내 힘이 아닌 오직 예수님의 은혜로 오늘, 여기까지 잘 왔다.

네비게이션이 없었다면 그동안 심방 사역도 하기 어려웠을 것이다. 그러나 네비게이션으로인해 아무리 낯선 곳을 찾아갈 때도, 아무리 먼 거리를 달려 갈 때도 나는 전혀 무섭거나 두렵지 않았다. 왜냐하면 네비게이션은 모든 도로를 잘 알고 있고, 내가 어떤 길로 가야만 신속히 목적지에 도착할 수 있는지 알고 있기 때문이다. 목적지만 제대로 알고 있으면 전혀 두려워할 이유가 없다. 그러나 목적지가 분명하지 않을 경우에는 문제가 생긴다. 네비게이션은 목적지를 입력해야만 일을 시작하기 때문이다.

우리 인생도 목적지가 분명히 있다. 출발선상을 다 다르지만, 목적지는 오직 한 곳이다. 내 영혼이 돌아갈 목적지가 분명히 있다. 우리 인생은 나그네 인생이기 때문이다. 이 땅은 잠시 거쳐 가는 곳일 뿐 우리들이 돌아갈 본향이 있다. 때로 길을 잃어 당황하고 있을 때, 걱정하지 말라고 안심시킨다.

'경로를 이탈했으니 새로운 경로로 인도해 주겠다'고 하신다. 그 안내만 따라가면 걱정할 필요가 없다. 길을 잘못 들어서 좀 돌아서 갈 수는 있겠지만 분명히 목적지에는 도착한다.

먼 길을 떠날 때 차 안에 네비게이션이 있다면 든든히 길을 떠날 수 있듯이 우리 인생도 주님을 모시고 간다면 걱정, 근심할 이유가 없다. 든든히 인생길을 떠날 수 있다. 내 인생에 허락하신 네비게이션의 은혜에 감사한다.

5

길 없는 곳으로
나아가는 환희

　　길이 이끄는 대로 가지 마라. 대신 길
이 없는 곳으로 가서 발자국을 남겨라.

　(Do not follow where the path may lead. Go instead where
there is no path and leave a trail).

　　　　　　　　　　　－랠프 월도 에머슨(Ralph Waldo Emerson)－

　처음부터 길이 있던 것은 아니었다. 모든 길은 누군가가 걷
기 시작할 때부터 길이 된다. 길 없는 곳을 처음 걸어가는 사
람은 그 걸음이 순탄치 않다. 처음 길을 걷는 사람은 때로 거

친 숲을 헤쳐야 하고 돌들을 치우는 수고도 해야 한다. 그래서 사람들은 길이 없는 곳보다는 길이 나 있는 곳에서 걷는 것을 선호한다. 그러나 나는 길 없는 곳으로 나아가는 환희를 즐긴다.

길 없는 숲 속을 처음 걸으려면 수고가 필요하다. 풀숲을 헤치고 돌을 치워야 한다. 돌을 치우는 사람이 되고 싶었다. 길이 없는 곳에 길을 내는 사람이 되고 싶었다. "엄마는 평지를 걷는 것보다 울퉁불퉁한 길을 걷는 것을 즐겨해."라고 말하는 딸아이의 말이 내겐 격려가 된다. "나도 엄마 닮아서 잘하고 있어! " 딸이 툭 던지는 이 말을 들으면 기분 좋다. 울퉁불퉁한 길을 계속 걷다보면 평평한 길이 될 것이고, 내 딸이, 그리고 딸의 딸이 좀 더 편하게 걸을 수 있으리라는 사실에 행복하다.

나는 늦게 피는 꽃이다. 50년 동안 물을 주고 가꾸었다가 50년 만에 피어났다.

어떤 작가가 이렇게 말했다. "더디다고 탓하지 마라. 늦게

핀 꽃이 더 아름답다." "늦게 피는 꽃은 있어도 피지 않는 꽃
은 없다."

나는 중년의 나이에 나는 신학공부를 새롭게 시작했다. 수
업을 듣고 교실 문을 나설 때 나는 너무나 행복해서 마치 하
늘을 날아오르는 것처럼 좋았다. 그렇게 시작한 신학공부는
멈추지 않고 계속 되었다. 목회학 박사 공부까지 마치게 되
었다. 그리고 나는 목사안수를 받았다. 여성 사역자들에게 길
을 내는 사람이 되고 싶다. 또한 아픈 환자들에게 병상세례를
직접 베풀고 싶었다. 말씀을 선포하는 사람, 말씀을 가르치는
사람이 되고 싶었다.

남자와 여자는 서로 다른 기질과 특성이 있다. 이 땅에 절반
이 남자요 절반이 여자이다. 이 땅의 성비가 그렇듯 모든 조
직 가운데도 남녀의 균형 있는 성비가 필요하다. 하나님은 남
자와 여자를 만들 때 조금 다르게 만들어서 서로 보완하며 살
도록 했다. 여성이 여성의 역할에 충실할 때 진정으로 아름다
운 여성이 만들어진다. 남성이 남성의 역할에 충실할 때 서로

돕는 배필로서의 아름다운 구성이 완성된다. 여성이 남성의 자리를 침범해서 자리를 빼앗는 것이 아니라 남자의 자리를 남자가 지키고 여자의 자리를 여자가 지키자는 것이다. 패미니즘을 주장하는 것이 아니다. 남성은 남성으로서 존귀하고 여성은 여성으로서 존귀하다는 것을 서로 간에 인정하자는 것이다.

하나님은 여성을 돕는 배필로 지으셨다. '돕는다'는 뜻을 사전에서 찾아보니 '남이 하는 일이 잘되도록 거들거나 힘을 보태다.'라는 뜻으로 나온다. 그런데 놀라운 것은 하나님이 우리를 도우실 때의 '도움'이라는 단어의 원 뜻과 돕는 배필에서의 '돕는다'는 원뜻이 같은 단어가 쓰인다는 것이다. 힘이 더 있는 사람이 남의 일을 거들거나 힘을 보탤 수 있다. 자기 자신도 지탱하기 어려운 사람은 남을 돕는 것이 사실상 어렵다. 하나님은 남성을 돕는 배필로 여성을 지으셨고, 하나님 창조의 파트너로서 생명을 잉태할 수 있는 은혜를 주셨다. 그렇기 때문에 여성을 배제하는 기관이나 조직은 창조의 위대한 리더십을 포기하는 행위를 하는 것이다. 여성의 도움을 배제하는 것은 결국 창조주의 도움까지도 포기하는 행위가 아닐까 생각해 본다.

남녀가 차별받지 않고, 나이 많고 적음이 차별받지 않는 세상, 피부색으로 차별 받지 않는 세상을 나는 꿈꾼다. 길이 나 있지 않는 곳이 있다면 나는 기꺼이 길을 내는 사람이 될 것이다.

길 없는 곳을 꾸준히 걷다보면 언젠가는 길이 난다. 모든 길이 처음부터 있었던 것이 아니다. 길 없는 곳으로 나가는 환희는, 길을 처음 걸어가는 사람에게 주어지는 옹골찬 보상이다. 그 길을 함께 걸어가자고 당신을 초청한다. 그 환희를 당신과 함께 나누고 싶다.